看透地产股

从价值投资的根本逻辑出发

边航 ◎ 著

《看透地产股》是一本价值投资实战工具书。

价值投资既纷繁复杂，但又大道至简，贵在知行合一。本书系统梳理并总结了价值投资应具备的认知系统和投资逻辑，包括价值投资观、应具备的投资常识、选股的核心逻辑、实战操作技巧。作者根据自身10余年深耕地产股的经验，分享地产股的特性和优势、分析思路、投资逻辑、估值模式、典型企业的估价实践，并对地产行业的现状与未来做出判断，力求帮助投资者深入了解价值投资、看透地产股，为自己的投资盈利提供知识解决方案。

图书在版编目（CIP）数据

看透地产股：从价值投资的根本逻辑出发/边航著. —北京：机械工业出版社，2021.9

ISBN 978-7-111-68980-5

Ⅰ.①看… Ⅱ.①边… Ⅲ.①股票投资–基本知识–中国 Ⅳ.①F832.51

中国版本图书馆CIP数据核字（2021）第169323号

机械工业出版社（北京市百万庄大街22号　邮政编码100037）
策划编辑：李　浩　责任编辑：李　浩
责任校对：李　伟　责任印制：李　昂
北京联兴盛业印刷股份有限公司印刷
2021年10月第1版第1次印刷
145mm×210mm・9.375印张・3插页・204千字
标准书号：ISBN 978-7-111-68980-5
定价：88.00元

电话服务　　　　　　　网络服务
客服电话：010-88361066　机　工　官　网：www.cmpbook.com
　　　　　010-88379833　机　工　官　博：weibo.com/cmp1952
　　　　　010-68326294　金　书　网：www.golden-book.com
封底无防伪标均为盗版　机工教育服务网：www.cmpedu.com

推 荐 序

财经网 CEO、《地产》《中国汽车画报》出品人
程建国

在过去 20 余年，无论是从 1998 年房改算起，还是从 2001 年加入世贸组织算起，在中国城市化快速发展的进程中，房地产行业无疑是时代的资本巨宠之一。

虽然在行业成长的过程中，一直伴随着政策不断剧烈调整与变化，但在资本运行基本价值规律框架下，优秀的房地产企业依然实现着高速成长。正确理解和把握这点，并秉承专业主义与长期主义的房企投资者们，包括股票市场上的投资者们，都获得了丰厚乃至超额回报。

作为在股票市场对房地产行业与企业进行深研，并践行价值投资的职业投资者，边航先生的这本《看透地产股：从价值投资的根本逻辑出发》，既是他自我投资心得的提炼总结，又是对房地产企业的深度价值研究总结。虽然近年来，房地产行业因为种种综合因素作用，在发生着某种意义上的根本性变化，但作者的这些研究与总结仍是有其价值的。并且这种价值对于投资而言，是超越房地产行业与企业本身的。

因为，价值投资理念与规律，具有普遍性原则和意义。

前　言

伟大的时代，伟大的投资，伟大的投资者

一个人总要经历过很多事情，才明白自己为什么要有这样的经历；一个投资者总要经历过很多困惑，才明白什么是投资。我的投资生涯，就是在一个又一个困惑中不断前行的。

2008年，刚开始做投资的时候，让我困惑的是"我们在赚谁的钱"。

2014年，开始有了稳定收益之后，让我困惑的是"这是偶然还是必然"。

2018年，我成为一名职业投资者，让我困惑的是"什么才是必胜的投资体系"。

在我的理解中，投资与炒股是完全不同的两个世界。从长期来看，投资应该是一个建立在概率基础上的稳定盈利模式，它的本质是时间，是优秀企业和时间的化学反应。而炒股则是一种博弈，是成王败寇的厮杀，是一场你死我活的零和游戏。两种模式分别代表着企业视角和交易视角，我并不认为其间有高下之分，但对于一个以投资为职业的人来说，我需要的是可以计算出来的必然收益，而不是把自己的未来交给不可知的命运。

在成为一名职业投资者之前，我在房地产行业整整做了23

前 言

年，生意场上的是是非非每天都在经历。很多时候，一些商业行为完全是出于无奈，因为我所拥有的资源不足以保证最后的成功。而在股市上，最终让我们取得胜利的，不是个人的强大和运气，而是选择了与怎样的企业站在一起。很多时候，我们并不能看清楚前面的路途，但好企业总是能给出更明确的指引，引导我们一路向前。

投资与实业之间并无隔阂，但在股市上，我们可以选择那些拥有最强资源的企业，这是绝大多数人在实业中永远想象不到的。当你拥有了必胜的武器时，为什么还要去跟对手贴身肉搏呢？这是投资对比炒股的天然优势，也是我为什么要写这本书的原因。

我们生活在一个伟大的时代，一个可能比巴菲特所经历过的时代更加伟大的时代。这一代的投资者都是幸运的，有那么多卓越的企业在它们还处于上升期的时候，与我们相遇了。而我们要想成为一个伟大的投资者其实并不遥远，只要你选择了足够优秀的企业，剩下的只需要交给时间。

如今的投资者有着更广泛的资讯途径，过去十年里，大量的经典投资类书籍被翻译成中文，随着互联网的高速发展，我们也有了越来越多对话大师的机会。当经典投资类书籍和大师离我们越来越近，在不断为我们指出正确思维方向的同时，也让很多投资者不断感受到，理想与现实之间的脱节进一步带来了困惑。

这些经典投资类书籍会在很长时间内，不断为我们开启智慧之门。但我们也要清楚，中国市场与美国市场之间还是存在着很大的区别。这一方面是因为两国的市场经济发展阶段不同，另一方面也是因为两国的文化背景有着太多差异。格雷厄姆的思想成熟于20世纪三四十年代，巴菲特和芒格的经典语录则大部分出现在20多年前，我们既要学习这些思想的精髓，又要看到在当下的中国，经济体制和很多企业的经营特点都是美国市场从没出现过的，生搬硬套是对这些投资大师们最大的不尊重。

比如中国的房地产行业，这是在人类历史上从来没有出现过的，是一个只用了20多年就发展到20多万亿元超级规模的行业。地产行业的成长对数十个上下游行业，乃至对各地的财政收入都起到了至关重要的作用，其景气度的影响已经远远超过了行业本身。中国房地产企业的经营特点和发展趋势，与国外同行们有着根本性的不同。如果只是简单套用国外的经典企业分析原理和模型，在地产股上经常会得出一些似是而非的结论。

"不唯上、不唯书、只唯实"，本书通过对最具中国经济特色的地产股进行详尽分析，来深入诠释价值投资的经典理论如何与中国股市相结合，并在很多思维体系中，融入了我多年来在房地产行业和投资领域里的心得。本书既适合投资者提升对价值投资经典理论的认识，又适合有志于房地产研究的朋友深入理解地产行业。

本书的出版历经了不少波折，在此要特别感谢机械工业出版社和本书的策划编辑李浩先生，没有李浩先生的大力支持，大家是看不到这本书的。同时也要感谢我的妻子和女儿朵朵，你们永远是我不断向上的力量之源。

边　航

目 录

推荐序
前　言

| 第一章 | 价值投资是确定性最强的生意 |

第一节　股票为什么是最好的投资品　002
第二节　你买的是股还是票　004
第三节　专注企业，远离交易思维　007
第四节　投资时，我们真正在做的是什么　009
第五节　价值投资是价值观的投资　012
第六节　价值投资是一场真正的马拉松　013
第七节　价值投资，为什么和传说中不一样　016
第八节　预期收益率决定你的投资起跑线　018
第九节　越了解投机，越应该坚持价值投资　021
第十节　投资，度日如年和以年为日　023

| 第二章 | 投资从心做起 |

第一节　创业初心是价值投资的关键所在　026
第二节　投资中的常识、知识和认识　028
第三节　有些钱不是用来赚的　030
第四节　利令智昏是投资的最大禁忌　032

第五节　牛市的风险比熊市更大　033

第六节　面对泡沫，羡鱼不如结网　037

第七节　我爱熊市胜过牛市　039

第八节　当股神变成赌神　041

第九节　华尔街之狼，利用欲望与控制欲望　044

|第三章|价值是选股的根本|

第一节　选股的核心因素：生意逻辑和商业模式　048

第二节　内外有别：选股的两种模式　050

第三节　简单的力量，才能从心所欲　052

第四节　董事长思维还是总经理模式　054

第五节　如何打造自己的能力圈　057

第六节　白马股的七大投资逻辑　060

第七节　100倍市盈率的股票，你真看懂了吗　066

第八节　从2021年"巴菲特致股东的信"看股票的气运　068

第九节　给股票贴标签，无异于画地为牢　072

|第四章|交易是价值的一部分|

第一节　投资中的节奏　076

第二节　长线持仓却有颗做短线的心　077

第三节　终局思维：时间的诠释者　079

第四节　守住自己的位置　082

目 录

第五节　股票投资真的有顶和底吗　083

第六节　股价涨得快，赚钱就更多吗　085

第七节　价格投资者才是价值投资者的真正对手　087

第八节　持有是否等于买入，关键看仓位　089

第九节　下跌是价值投资者最幸福的时刻　092

|第五章|地产是个好生意|

第一节　我为什么买地产股　096

第二节　房地产行业的五浪　098

第三节　地产行业中的价格误区　107

第四节　房企的五大类型　116

第五节　欲做地产股先避雷　120

第六节　逆周期的产品力　123

第七节　需要警惕的多元化　132

第八节　配股未必是坏事　133

第九节　五年后的房企会变成什么样子　136

|第六章|地产股的投资逻辑|

第一节　判断一只优秀地产股的六大标准　142

第二节　投资地产股的18条军规　144

第三节　研究地产股必须了解的五个问题　150

第四节　研究地产股的七大特殊因素　153

第五节　负债是地产开发的核心能力　171

第六节　不可能三角：关于房地产的五个名词理解　180

|第七章|地产股的估值模式|

第一节　估值的本质是对时间的理解　184

第二节　你的合理估值，我的安全边际　186

第三节　地产股的结利特点　194

第四节　价值观决定价值　195

第五节　地产股的估值要"三生有幸"　197

第六节　怎样才能提升地产股的估值　199

|第八章|典型企业的价值投资逻辑|

第一节　在争议中成长的牧原股份　204

第二节　以战养战的融创中国　217

第三节　龙湖集团，地产界的估值标杆　235

第四节　贝壳找房，"住"电商的真巨头　239

|第九章|地产行业的供给侧改革|

第一节　房地产供给侧改革全面开启　246

第二节　恶意抢地之风，可以休矣　252

第三节　地始终是房企最好的资产　254

第四节　利润率触底，进入行业稳定期　256

第五节　保障性住房对房企的影响　258

第十章 什么样的房企未来会更好

第一节　从"十四五"规划看房地产的永续性　264

第二节　未来十年，哪些市场会更强　269

第三节　能帮城市赚钱的企业才有未来　276

第四节　持有型物业时代的全面开启　278

第五节　房企正全面进入巨头时代　281

第一章

价值投资是确定性最强的生意

第一节　股票为什么是最好的投资品

从20世纪70年代末开始算起，中国经济迎来了举世瞩目的40年。第一个十年，是土地确权的时代，基本解决了人民的温饱问题；第二个十年，是私企生长的时代，增加新的增长点，并提供了大量的劳动岗位；第三个十年，制造兴国，出现了一大批国产品牌；第四个十年，服务业大兴，互联网全面应用，颠覆了太多传统体系。那么，未来十年的主题会是什么呢？

我们正在迎来一个从未有过的资本时代！

欧洲经济已经衰老，日本经济原地踏步30年，经过2020年的洗礼，这些曾经遥遥领先的经济体已经离我们越来越近。深圳的人均GDP就要和日本看齐了，10年后东部沿海地区会有两倍于日本的人口，人均GDP将达到日本现在的标准。欧日已经不再是我们的目标，现今的发达强国，只有美国一如既往地保持着强势，仍需努力追赶。在制造业全面转移之后，美国核心的竞争优势主要在于两项，一个是科技能力（尤其是芯片和互联网），另一个就是资本能力。

科技能力可以由企业和大学在实践中去不断提升，而资本能力必然是依靠举国之力方可长期发展。作为世界上唯一一个全产业链国家，中国的科技发达只是时间问题。而在完成人均1万美元到人均2万美元的伟大跨越中，以股票、股权、期货、人民币国际化等为代表的资本力量的强大，则是必不可少的，具有极强的战略意义。

现在已经进入市场的投资者，每个人都是幸运的，因为我们

第一章　价值投资是确定性最强的生意

已经赢在了起跑线上。巴菲特之所以伟大，除了其个人的超凡能力外，很重要的一点在于，他的投资生涯贯穿了人类科技进步最快的几十年，也是美国历史上经济发展和企业成长速度最快的时代。而如今的我们，生逢盛世，所面临的伟大时代毫不逊色于巴菲特投资的时代，甚至还有可能更加伟大。

过去的几十年，我们为了温饱奋斗过，为了更美好的生活奋斗过，为了房子奋斗过，为了子女的教育奋斗过。民众的积蓄在这些奋斗的历程中被消耗太多，但在如今的时代里，很多消费结构发生了巨大的变化，人们手中的富余资金将会越来越多。面对通货膨胀，投资已经是一个刚性需求，人们手中越来越多的资金需要一个保值和升值的途径。

从图1-1中可以非常明显地看出，不管是过去100年、60年还是过去30年，股票、国债、原油、黄金和房子都跑赢了物价，这些资产在全世界都是战胜通货膨胀的有效标的，而其中表现最突出的就是股票。

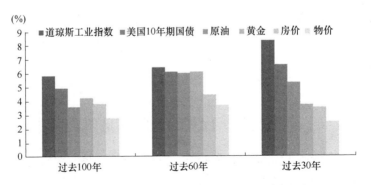

图1-1　过去100年、60年、30年美国各类资产的涨幅比较

从国内的实际情况来看，大家可能对其他几项没有太大疑

义，但在股票和房子之间，还是会有很多人更加青睐房子。这也是正常的，过去20年国内很多地区的房价增速确实要比沪深300指数更快，算上按揭带来的杠杆就领先更多了。

但房价并不是没有天花板的，过去这些年正处于商品房全面市场化的爆发周期，人们的购房需求旺盛，供求关系一直不平衡。但目前国内的房价整体上已经不低，短期波动会越来越大，各热点城市又都有限购、限贷等调控措施，高高在上的门槛已经让大多数人无缘此道。

股票则不然，开户门槛低，交易门槛也很低。如果只是抱着保值的心理，不把这里当成赌场，在学习并能坚守价值投资的原则后，长期获利的机会要比其他选择大很多，毕竟我们身处在一个难得的资本时代，有那么多优秀的企业可以带领我们不断去实现财富梦想。

很多时候选择比能力更加重要，或者说选择就是最大的能力。我们都是被一个伟大时代选择的幸运者，要做的就是牢牢把握住这份幸运，并不断努力提升自己的幸运值。

相信国运，相信好企业，相信价值投资，最好的选择已经在我们手中。

第二节　你买的是股还是票

买股票是投资者的日常操作，但在交易的时候，你是否分清楚了，自己买的是股还是票？

股，是股份，是企业所有权的一部分。入股之后，就相当于和这家企业融为一体，休戚相关，同荣共损。票，是票据，是持有股份的凭证，在交易的时候，票据代表着信用和价值。除了增发和送股等大的变更行为，股基本是保持不变的，但票却不一样，它几乎会在每个交易日都发生变化。

如果是在场外，尤其针对一些创业中的公司，大家投资时看重的都是股的内在价值，希望能享有企业发展过程中的分红和越来越值钱的股本。而在股市上，大部分投资者看重的却都是票的交易价值，其涨涨跌跌的过程，才是这些投资者真正关心的部分。

买股还是票？这不是在玩文字游戏，而是在探讨投资者的核心价值趋向。以股的心态买入，就像自己投资创办了一家企业，其着眼点和对未来的预期，会与现实更加接近。而看成票在交易的人，不会把其内在价值放在首位，只要市场上有更高价格卖出的可能，对他们来说这就是好票。

据统计，从2010—2019年的十年时间里，偏股型基金的平均年化收益率为5.54%。很多人可能会对此表示惊诧，我最开始看到这个数据的时候，也是有点意外，特意把相关数据重新算了一遍，还找到好几个版本进行了对照，数据虽然有些计算上的小差异，但大体相差不多。

5.54%的年化收益率是否合理？这一数据虽看起来不高，但仔细想想，其实完全合理，过高的基金收益才是不符合经济规律的。股市的收益，归根结底还是来自于经济的成长。我国过去十年的GDP实际增速均在7%左右，5.54%的收益率加上1.5%的管理费后，基本上与GDP的增速保持一致。

对散户而言，具有绝对人力、物力和财力优势的基金公司收益尚且只有5.54%，但在股票市场上我们看到的、听到的，却动辄就是年年翻倍的业绩表现，这个反差是很有趣的。投资者当然会对那些高收益更感兴趣，这样的故事多了，对自己的投资预期自然也就水涨船高。

但实际上，我们在创业的时候，有多少企业能连续保持30%以上的利润增长速度呢？更不要说连年翻倍了。我们的记忆会选择性地把最好的部分留下来，而自动忽略那些惨淡和失败的案例。可实际上，失败者告诉我们的东西才更有价值，这是真正的前车之鉴。

买股还是买票？这一指导思想在实际交易中最明显的应用，就是选股。 如果我们是自己在创业，我们会去寻找市场上有什么好的商机，以及更重要的是明确自己到底擅长什么。即便是再好的机会，如果自己无此能力，也很少有人敢大举投入。

但在股市上却不是这样，简单看过几份年报，就敢重金买入的大有人在。在股价处于上升阶段还好，一旦市场出现反转，这些人拿着没有信仰的股票，就会度日如年。

很多人一直以为自己是在入股，是在买公司而不是简单地做交易，但在大跌之际，他们的本来面目便会呈现。判断一个人是在买股还是买票，最简单的方法就是看他们面对股价大跌时的反应，如果买入后股价下跌了30%，买股的人会泰然处之，而买票的人已经夜不能寐；如果买入后股价下跌了50%，买股的人会想方设法去买得更多，而买票的人在痛不欲生的时候，想的都是解套就跑而已。

初创企业在第一年就能盈利是非常难得的，很多企业要经过两三年的时间才能达到收支平衡，之后每年能保持百分之十几的增速就已经很好了。但在买入股票的时候，却很少有人具备这样的耐心。实际上,有的时候你并不需要操作太多,如果你买的真是一家好企业,你需要的只是时间。

第三节　专注企业,远离交易思维

每个人眼中的世界都是不一样的,同一个股市里,也有着各不相同的人生。在这个市场上,我们能看到很多种投资方法,做价值投资和做技术分析只是两大类别的统称,其内部还有种种分支。

有一些投资者并不关心企业的基本面,而是想方设法在市场上找到股价运行的"规律"。比如,找到在低位时成交量突然放大超过50%的股票,或者是连续下跌达到9天的股票等。前者可以理解为有资金在底部建仓完毕后进行拉升突破,后者则是练成了"九阴真经",买入者会认为股价在短期超跌了,后面大概率要开始反弹。

这种分析方法有些类似于时下比较盛行的量化投资,但量化投资是一个体系,需要大量的数据支撑,它可以针对各种策略构建回归方程,打造多因子选股模型。而这种对股价所谓"规律"的研究,更像是在赌场里观察"红""黑"颜色或者"大""小"点数的出现频率,然后便开始据此下注。

市场是凶残的,在机构主导方向的年代,想用机构的方法去战胜机构,这未免太不自量力。比如,我们可以在电视机前,尽情嘲笑那些专业足球运动员踢得多差。但我自己曾经和退役超过20年的前国脚一起踢过球,当时对方比我大了近20岁,身材明显有些发福,可他基本不用跑动,简单几脚传球就能轻松穿透我方的后卫线,半场不到我们就输了8个球。因此,这种差距是靠个人力量难以弥补的,要想取得更好的收益,班门弄斧的事情最好少做。

与机构相比,数据、资讯、人力、物力,这都是个人投资者的绝对短板,而且随着时间的推移,技术的不断提升,这种差距会越来越大。如果把股票的价值分成企业价值和交易价值两个部分,对个人投资者来说,最好的选择就是不要在交易价值上花费太多时间。那是全市场都在争夺的焦点,在技术处理能力越来越强大的今天,稍有漏洞便立刻会有无数资金冲进来把它修补掉,后知后觉的个人投资者,往往会成为那个最后的买单者。

人贵有自知之明,个人投资者在市场上生存一直都不是件容易的事,有时候会有短期的成功,但这种收获却经常会变成更大亏损的源头。我从2008年开始做投资,在2014年之前的6年时间里,可以说尝试过所有看到过的投资方法。虽然当时投入的钱不多,操作的时候就当是在交学费,但经历了连续而又持久的失败,对投资信心确实是严重打击。很长一段时间里,我甚至不愿意打开账户,那里全是失败的痕迹。

最终,我还是确立了专注企业研究的投资风格。一切研究估值的方法,有效性都是存疑的,世界上没有任何一种方法能够准确预测估值的变化。很多打着量化和规律旗号的投资策略,其实质还是想去赚交易的钱。在某些时候它们可以把成功不断放大,但当市场出现新变化的时候,原来越成功的模型,对资金的伤害可能就会越大。

价值投资的价值,就在于其可靠性和有效性是能够被验证的,其成功也是可以被复制的。专注于对企业的研究,这是最适

合个人投资者的投资方法，没有之一。

第四节　投资时，我们真正在做的是什么

投资领域有很多问题可以用方法论来回答，但有些问题只能靠世界观来解决。所有投资者在开始投资之前，都需要回答一个问题："我为什么要做投资？"这个问题应该是每个人在开户之前都问过自己的，但大多数人还没找到答案，就匆匆上阵了。

其实，很多人是回答过这个问题的，代表性的答案有如下五种。

1. 通货膨胀太厉害了，我要保值。
2. 工作上赚钱不易，我要补贴家用。
3. 炒股，运气好的话，也许能一夜暴富。
4. 听说最近牛市开始了，过来赚点钱就走。
5. 隔壁老王炒股赚了不少，我也行的。

从个人角度来说，上面的几种解释可能都是心里话，但对投资来说，这些话是没有意义的。天地不仁，以万物为刍狗，没有人会管你为什么要买股票，没有人会在意你的开心与苦闷，这里是竞技场，只有输和赢。事实上，大部分人赔钱的根源，都在于没有搞清楚自己真正在做的是什么。

2018年的时候，我一整年都在思考，人到中年该何去何从？当时我还在做地产行业，前景也很看好，但在全国漂了不少地方，确实有些疲倦。前前后后研究过很多种创业方向，最后都被自己否定了。现今的创业，如果不是简简单单去养家糊口，想真正做一点让自己觉得有意义的事，要么需要一些独特的专业技

能,要么就得有大笔的资金,去买回这些专业技能。很长一段时间里,我都没找到市场给我留下的那条路到底在哪里。

有一天我去爬泰山,路上看到一行大字如排山倒海般扑面而来——"数风流人物,还看今朝"!一瞬间,有些东西变了!

我一直都热爱投资,当时已经有了十年投资经验,从2014—2017年,连续几年收获还算不错。即便在2018年,市场大环境整体不景气,但对于我这种爱熊市胜过牛市的人来说,也并没有太过在意,反而经常为能买到"打折货"而暗自窃喜。直到2018年中旬,我都没有考虑过要做职业投资,一直在研究的各种创业模式,都是非常具体的实业,专职做投资太抽象了,当时我身边也没有这样的案例。

"数风流人物,还看今朝!"也许在看到这几个字之前,我的潜意识里已经有过考虑,但并没有真正成型地深入思考,而这几个字让我豁然开朗,忽然看到了自己的未来。一个人和成功之间，有时就差几个字。"还看今朝"，没发生过的事情，就不会成功吗？

买股票难道不是一种创业吗？

没有独特的技能？股市有！

没有卓越的管理人员？股市有！

没有足够的融资通道？股市有！

没有家喻户晓的品牌？股市有！

没有全球畅通的营销渠道？股市有！

在股市上，我可以随时随地请马化腾、马明哲这样的行业领袖帮我管理生意，顶级的品牌、顶级的商业模式、顶级的专业技术，想要随时可有，而且是想要多少就有多少！做职业投资不是我个人在炒股，是全中国最优秀的企业在帮我赚钱，是这些未来世界上最优秀的企业在实现我的梦想！

一个人的成长目标，是按照"修身、齐家、治国、平天下"这样从小到大的目标来依次实现的；而一个人要想尽快成长，则需要按照"平天下、治国、齐家"这样从大到小的心理历程，来最终实现"修身"的目的。

有些东西并不遥远，并不需要前车之鉴。

我在2019年之前的投资风格，还是比较复杂的，里面有各种各样流派的痕迹。**但从2019年开始，我做任何一次买入的时候，都感觉自己比腾讯还要有钱，真正是在买企业；我研究那些企业管理者的时候，就像是在为他们做面试，看看这个生意能否放心交给他。**

因为，我终于明白自己在做什么了。

是的，我在创业。

第五节　价值投资是价值观的投资

世界总有万千变化，但万变不离其宗的还是人。投资也是这样，索罗斯是个"哲学家"，他总能发现甚至预见到市场上的各种矛盾，有时候更能借助矛盾创造出更大的矛盾，最终坐享其成；巴菲特对投资的热爱超过了金钱本身，所以才能不求小利，不为市场的种种诱惑而动心，他本人也只居住在只有几十万人的奥马哈，远离尘嚣；格雷厄姆"捡烟蒂"的风格，直接受到了大萧条时代的影响，就像一个孩子童年时饱受饥饿的折磨，他的一生都会在对食物的尊重里度过。

一个人的经历、性格和爱好，都会对他的投资生涯产生深远的影响，有的时候这些影响甚至连他自己都察觉不到，但若干年后回顾他的投资生涯时，那些潜藏在他身上的种种特征，就会清晰地呈现出来。**所以，一个成熟的投资者，在不同的阶段都有会不同的烙印，而这个烙印背后的决定性力量就是他的价值观。**

中国市值最高的企业是腾讯控股，其市值一度超过7万亿港元，也超过当时整个创业板总市值的一半。在很长一段时间里，对于这家"巨无霸"，我一直在观察，但一直都没做出买入的决定。作为腾讯产品20年的老用户，这些年我是在切身感受中看着腾讯从小到大、从大到强的。它的业务是清晰的，发展空间也是清晰的，但我总觉得缺少一些感性认识，不足以支持我做出购买决定。

契机是在2020年10月，我有机会参加雪球调研团，到腾讯深圳总部进行调研学习。在正式开始调研之前，我在和球友的交流中，就把腾讯比喻成"最熟悉的陌生人"。在腾讯内部，每看到的一个人、一件物品，听到的一句话，探讨的一个观点都让我有一种久别重逢的感觉，那种感觉很微妙，仿佛一些注定的东西在那里等着你，这就是价值共鸣。

刨除腾讯的企业基本面因素，我发自内心地认可腾讯的低调和内敛，喜欢它在投资中为而不恃的态度，腾讯的高管往往更像是一个学者，而不是一个商人。这些都是我多年来一直在遵循的准则，是我个人价值观中非常重要的部分。从那之后我就开始不断买入腾讯控股，适逢几次股价大跌，给了我很好的建仓机会，差不多用了两个多月的时间，便达到了我单只股票的持仓上限。

价值投资，实质上就是价值观的投资，你是什么样的人，决定了你会买入什么样的股票。你有什么样的价值标准，决定了你的持仓风格和交易模式。 有很多股票，怎么看都好，但就是下不了手；也有些股票，问题层出不穷，但它却是最适合你的投资标的。

投资，绝不是找到性价比最高的股票就是胜利，投资与你价值观不匹配的公司，是很难真正赚到它的钱的。投资者需要对自己坦诚相待，更需要对股票坦诚相待，只有双方的价值观匹配之后，你才能找到真正适合自己的股票。

第六节　价值投资是一场真正的马拉松

虽然都是来赚钱的，但每个人来股市的目的都不一样。有人为了保值，有人为了升值，有人为了理财，有人为了发财。对金钱的态度不同，也就决定了各自的操作风格大相径庭。

越是行情火爆的时候，成交量就越大。大成交量代表着大换手率，市场的分歧总是在行情最热的时候被推向最高值，这是股市的一贯规律。这种分歧可能是对企业成长趋势的判断不同导致的，也可能源自短期投机与价值投资之间的差异，这都是大家容易理解的。但即便是价值投资内部，也有着很多必然的矛盾，这也是一种常见但比较隐蔽的分歧原因。

我们还是回到那个基本公式：股价 = 业绩 × 估值（P = E × PE），虽然价值投资强调的是企业内在价值，但落实到投资本身上，大家都不可能不做交易，而交易的时候就绕不开估值。估值代表着交易者对股票即时价值的理解和判断，所以价值投资依然面临着交易价值的问题，这是时时刻刻都存在的。

作为价值投资者，最根本的价值原则，就是相信市场是一个正和游戏。但正和游戏中，一样会存在着局部的零和，这种零和依然要归结于交易价值的存在。对价值投资者来说，最重要的是确定性，所有的价值分析都是为了提升确定性。而交易价值导致的零和因素，必然会增加投资中的不确定性，这是每个做价值投资的人都绕不开的问题。

只有时间足够长，才能把价值投资的优势充分体现出来。从某一个节点去判断得失，价值投资和投机并不会有太大的高下之分，有时候甚至还会因为没有跟随市场而处于明显弱势。

有些股票只是弹性高，短期涨到什么程度都有可能。但拉长时间来看，它的投资收益率并不比那些看起来很笨重的大市值股票更高。我们经常看到的是某只股票一年涨了一倍，然后在后面两年下跌了50%。而另一只股票每年都只涨百分之十几，但三年后再看，反而会比选择那只高弹性的股票收益更高。但如果是

第一章　价值投资是确定性最强的生意

在第一年结束的时候去比较两者，那么稳健型股票的收益就会远远小于高弹性的。

所以，要想做好价值投资，就不要把自己变成一个短跑选手，时间越短，价值投资的价值就越难体现。其实短期的股价表现并不重要，只要企业的赚钱速度还在延续，那股价越低迷就意味着股票后期的爆发力会越强，如弹簧一般，压得越狠就会弹得越高。价值投资需要足够的耐力和良好的心态，这是一场真正的马拉松，比的就是谁活得更久。

在投资这个领域里，活得久就意味着机会多，巴菲特之所以成为股神，部分原因就在于他的投资生涯长达80年，如果他的投资生涯只持续到50岁的时候，他的资产仅仅只有现在的1%。

我是一名马拉松爱好者，参加过很多场马拉松比赛。有一个重要的心得是：一场马拉松比赛，最难的不是跑35公里后体力透支带来的艰难，而是跑15公里后身体得到完全磨合时的兴奋，这个时候很多人很容易不自觉地提升自己的配速，或者是被周边选手的节奏带快。失去节奏，就意味着失去控制，这对顺利完赛简直就是一场灾难。

这种现象在股市里也经常出现，对个人投资者来说，很多时候对市场上的交易行为关注太多，并不是一件好事，它会在潜移默化中改变你的节奏。在牛市离交易太近，会让心理更容易膨胀，在该恐惧的时候变得更加贪婪；而在熊市离交易太近，则容易导致过分悲观，在该贪婪的时候却只剩下了恐惧。一个优秀的跑者，时刻都知道自己的身体在承受着什么，他会严格执行自己的计划，远离一切干扰，直至目标达成。

马拉松的比赛有很多，对业余跑者来说，一次失败大不了从头再来,好好准备下一次就可以了。但投资不是这样,尤其是对资金投入较大的交易者来说,一次严重的错误选择,可能会让人数年都缓不过劲来,更有很多人会就此结束自己的投资生涯。

专注企业,与交易信息适当保持距离,做好足够的心理准备和长期持仓计划,那些急功近利、利令智昏、赌博式下注,以及被别人的成绩和短期股价影响情绪的投资禁忌,自然就会减少很多。道理都明白,但仍在为此苦恼的投资者,不妨试一下长距离路跑,你会更明白我在说的是什么,也可能会给自己带来一个健康的身体。

第七节　价值投资,为什么和传说中不一样

读了很多书,却依然做不好投资;背了很多名言,都只能停留在口头。看到大师们的经典案例时,总会让人热血澎湃,可面对自己的股票,照样是茫然无措。

经典还是经典,即便市场不同、时代不同,仍然可以不断启迪我们的心智。问题在于,我们是否能承受得起这些经典?

巴菲特说过:"你不想持有 10 年,就不要持有 10 分钟。"持有 10 年,首先需要看清 10 年后它的样子。可即便是苦研数年的最熟悉的那只股票,我们以为看到了它的 10 年后,真正清晰的可能只有 3 年;我们以为看到了 3 年后,真正清晰的可能只有 3 个月。作为一个散户,掌握到的信息、看得到的数据和产品都缺少时效性和准确性,多想大逻辑、少预测细节会更适合一些。很多时候,普通投资者研究得越细,反而会离真相越远,这和散户要减少操作是一个道理。

第一章 价值投资是确定性最强的生意

即便对企业的发展轨迹判断正确，也不能完全保证投资一定会成功，因为股价等于业绩乘以估值，业绩好但估值不涨，收益一样可能不高。对于估值，无数人研究出无数方法，想给它一个标准，但从来就没有一个方法可以不断成功下去。各人都是根据自己的风险承受能力来确定安全边际，根据时间感来确定持股风格，即便是最精确的量化分析，也是在做定性操作。

有人在两年前预测贵州茅台的市值会上 2 万亿元，如果是靠业绩测算的，现在的业绩明显低于预期，股价虽然对了但预测是错的；如果是靠估值测算的，估值变动原本就是一个缺少规律的事情，尤其是在业绩增速大幅下降而估值大幅提升的情况下，即使现在股价预测对了，就能说他的预测是正确的吗？或者说，这种成功在其他股票上能复制吗？

投资中有太多偶然事件，有太多模糊的精确和精确的模糊，只有企业的内在价值是有迹可循的，别的成功都很难复制，这也是价值投资更适合个人投资者的原因。价值投资可以分为企业价值和交易价值两大部分，企业价值看重的是股，而交易价值看重的是票。现实中大多数人，尤其是机构，即便做的是价值投资，也是偏重于交易价值更多些。

2020 年的市场走的是基金牛，各种概念、热点，背后都是大型基金在覆雨翻云。基金的命根子是业绩和排名，如果某一年业绩不佳还好，但要是连续两年跑输市场或者是同行，基金经理的饭碗就难保了。各大基金很少雪中送炭，一般都要等到股票走到右侧，形成明显趋势才会入场。而一旦股票遇到阶段性困难，它们会跑得比谁都快。

个人投资者可以为了三年后的翻倍业绩蛰伏两年，但对基金经理来说，这个周期太长，行情来的时候，估计他们早就下岗了。所以那些每天跟我们讲价值投资的人，始终都在赚交易的钱，一直都在追涨杀跌，这也是抱团股不断出现的原因之一。而一旦抱团失败，其撤出也是不计成本的，2015年的千股跌停和2016年初的熔断，就是最典型的大逃杀表现。

不幸的是，这些追涨杀跌的基金是市场的主力军，虽然大家都把价值投资放在案头，但他们更看重的是交易价值，即便是分析企业，也是为了更好地做好交易而已。个人投资者如果刻意遵循大师教导，照搬经典思维去做投资，往往就像套路对练的时候，对方在关键时候使出了一招王八拳，你可以骂他不守套路，但钱早就换了口袋。

经典是用来学习的，但绝不是用来抄作业的，个人投资者只有把经典与自己的实际情况结合起来，量身定制出一套专属于自己的投资体系，才能不变成邯郸学步。

第八节　预期收益率决定你的投资起跑线

每到岁尾年初，各家企业都会做年底总结，总结的目的是做好下一年度的发展计划。而年度计划的核心是企业的增长目标，围绕这个大方向，各种资源调配、管理考核才可以有机进行，让整个企业高效运转起来。

投资也是如此，一个投资者来到股市，自然是追求盈利的。大家心里都会有个预期，希望能在多长时间里赚到多少钱。这个预期往往也会和上一年度的收益相关，亏了钱的人想把损失补回来，赚了钱的人想再多赚一些。

实际上，对大多数投资者来说，这种收益目标并不是真正的预期收益率，很多时候只是一个愿望而已。他们希望能实现这个目标，但并不知道该如何用目标来指导操作，只是买完自己觉得好的股票，然后就等着股价上涨。而很多时候，他们买入股票的原因，也仅仅是因为这只股票前一段时间涨了不少。这个过程，是标准的守株待兔！

从设定收益率目标开始，我们就等于站上了投资的起跑线，后面的选股和操作都由此而来。股价等于业绩乘以估值，要想实现预期收益率，我们就需要有一个明确的认识：想要赚到这些钱，是靠业绩的上涨，还是要靠估值的提升？这是投资股票的根本性问题。

有的人喜欢选择价值股，PEG（市盈率/盈利增长比率）一般在1以下，业绩增长稳定，并且与预期收益率大致匹配。价值股的估值一般都不高，即便后面其估值不增，也可以靠着业绩增速持续提升股价。也有人喜欢成长股，PEG一般大于1，有些甚至会大出数倍，业绩增速也许会低于预期收益率，但估值弹性大，可以弥补这个不足。

对收益率要求不高的投资者往往喜欢价值股，这类股票杀估值的空间较小，只要企业能保持稳定的业绩增速，收益率就会有保证，相对确定性较强，这是价值股的优势。而对收益率要求较高的投资者更喜欢成长股，毕竟业绩增速是要结合现实的，A股中能长期保持30%以上业绩增速的企业并不多，要想获得30%以上的投资收益，更多需要靠估值的提升来实现，这是成长股的优势。

业绩的增长是没有天花板的，高了还能再高，但估值的天花板却一直都存在。当市场给了一只股票较高的估值，那是认为这个企业未来的业绩增速会很快把估值降下去，而不是认为它可以一直保持着低增速，同时还能保持高估值。对那些长期保持着较高估值的企业来说，业绩的压力会更大，不但要够高，还要一直保持增速的上涨趋势，不能出现明显下滑，否则杀估值的过程就会成为一场灾难。

所以，价值股的投资成功率相对较高，但给予投资者的收益率也很难有超预期的可能。而成长股的预期收益率兑现起来难度会大一些，但如果实现，就会比价值股多不少真金白银。

预期收益率就是我们的投资起跑线，它决定了我们的投资方向和投资风格。 其实投哪一类企业，本身并没有优劣之分，只是投资者的预期不同，导致风险承受度不一样，进而决定了投资风格。重要的是投资者一定要有一个清晰的认识，要明白自己到底能承受多大风险，而不是单纯去看收益。

很多人选股的时候，并没有太高的投资预期，但买入之后看到其他人的收益比自己高出很多，就开始认为自己犯了错误。这种状况持续的时间越长，他的内心就会越煎熬，越有可能会放弃自己原来的计划，做出追高的选择。

也有人只看到了较高的投资回报，但对其中的波动风险缺乏足够的心理准备，持仓过程中，大起大落的股价让其心理上出现很大落差，甚至会严重影响情绪和身体健康。这种模式容易出现低位割肉的情况，直接导致投资损失。**因此，投资收益的预期值一定要结合自己的实际情况，要深入考虑自己的研究能力、股市经验、资金压力、可承受的回撤幅度等，不要仅凭主观意愿做出决定，更不是越高越好。** 对于新手来说，建议还是由低到高，一点点来设定自己的收益目标。千万别看到其他人赚钱，就去抄作业。一米深的水虽淹不死一头牛，但淹死一只猫却足够了。

收益是认知的变现，投资经验累积到什么程度，再做出什么样的预期，这更适合股市现状。毕竟市场上绝大多数人都是赚不到钱的，大部分基金经理也是把资金投在固收产品上的，能有6%的年化收益率就算不错了。过高的投资预期对任何人来说都是危险的，就像描述马拉松比赛的一句谚语所说的那样："前面快十秒，后面慢一分"，量力而行是一切收益的根基。

第九节　越了解投机，越应该坚持价值投资

关于投资与投机的争辩，从来就没有停止过，说起来大家都认为投资是正道，而投机就如武侠小说中的魔教一般，一直被喊打，但一直都没消失过。事实上，现实中的交易者，做投机的人，在数量上远远超过做投资的，真正的投资者一直是少数，这也是股市中赢家寥寥的主要原因。实际上，随着市场和科技的不断发展，炒股与投机之间也不是一个概念了。炒股当然是投机的一种表现，但在股市里，投机已经远远超过了炒股的范畴。

格雷厄姆在《聪明的投资者》一书中给出了投资和投机的定义："投资操作是以深入分析为基础，确保本金的安全，并获得适当的回报，不满足这些要求的操作就是投机。"在当年，这是确信无疑的，但现在的科技能力已经远远不是格雷厄姆所处时代所能想象的，很多"机"都是建立在大数据和计算能力之上，也是专业研究的结果，跟那种赌博式的交易完全不同了。

在当今的交易中，大量不能"确保本金的安全，并获得适当

的回报"的操作，仍然是"以深入分析为基础"的，并充分利用各种信息载体和公众情绪，为投机者创造了大量的盈利机会。更专业的投机行为已经是很多机构正常交易的一部分，甚至是不可分割的一部分了。

2020年下半年的抱团现象中，市场上大量充斥着高达100多倍甚至200多倍市盈率的股票，而这些股票的利润增速往往都不会超过30%，发展上也不会有爆发性前景。这些高高在上的股票，即便跌下来百分之三四十之后，其估值仍然处于过去10年的绝对高位上。

打开股东明细，我们会发现抱团股最强有力的支撑力量，往往都是那些大名鼎鼎的价值投资者。再看他们的言行，漫天的语录，讲的也都是经典的价值投资原理。投机发展到现在，已经让价值投资的意见领袖们开始为之代言了，两者真的不太好分辨。当然，基民们会亏，而基金经理是不会亏的，他们的分析体系绝对可以穿越牛熊，亏了是基民们不懂价值投资而已。

我们读经典，学习的是思想和逻辑，而不是去简单照搬。事实上，格雷厄姆晚年也在修正自己的一些理论。因为以当时资讯的发达情况，已经很难再找到优秀的"烟蒂股"了。时间又过去50多年，科技进步早就天翻地覆。关于投资的理念变化不大，但专业的投机早就是一件充满科技含量的事，需要数据、研究、舆论、资金的全方位配合，绝不是老式赌徒所能媲美的。

对个人投资者来说，其能力和环境有限，做投机的胜率也随着机构的更加专业而越来越小。当然也有一些天才交易者，但这种人万中无一，还要倾注超乎常人的努力，普通投资者还是要放弃一些所谓的机会，专心价值投资才是正道。能够守住自己本分的散户，反而可能跑赢大部分高大上的机构，市场真的很有趣。

第十节　投资，度日如年和以年为日

中秋把酒共孤光，大笑自然风骨。横眼向天天不语，沧海万年能几许？对月只需痴醉，但留一点涟漪。唯念苍生如刍狗，白云空有归处，此生便是征途。中秋月，月明星稀。江月何年初照人？万古千秋不过是沧海一粟，世间多叹人之渺小，仰天地之大，感造物之无穷。让人们自怜的是时间，而时间对所有的事物都是一样的存在吗？

天长地久，天地所以能长且久者，以其不自生，故能长生。我们感慨时间的时候，也许时间不过是一个主观的长度，在另一个宇宙中短即是长，正如这个宇宙中的短不如长。天荒地老和一念之间，哪一个更久？投资的本质，是对时间的理解。不自生，故能长生。如果一念之间，便如一生一世，那么我们每个人都会天长地久；而如果一生一世，活成一念之间，那世界将再无层次可分。

大多数时候，不是我们拥有了世界，而是世界成了我们的一部分。我们沉浸其中，看到一点淡淡的光，并不敢确认什么，是时间和世界让我们越来越真实。每天我们都在被改变，而所有的变化，都是为了让那份不变更加清晰。守护比追寻难得多，选择总是充满激情，辛苦而又甘之如饴；而持有则是寂寞，有时候甚至是一种空虚，常常让人忘记了原因。所以有人度日如年，涨得浮躁，跌得心塞，横盘无聊。

如果以万载为单位，十年和百年没有区别；如果以星际为单位,数百米和万公里没有区别;如果以圣人为单位,凡人与英雄没有区别;如果以心为单位,日与年没有区别。所以,有人度日如年,有人以年为日。

很多股票,如果最低持股期是三年,就不会有这么高的估值,就不会有那么多人亏钱;很多股票,如果需要先研究三年才可以买,就不会后悔;很多股票,如果需要先研究三年才可以放弃,就不会错过。决定投资者命运的,是时间。决定时间的,是自己。此生便是征途,而我们最大的敌人,是时间,也是自己。

不以涨喜,属于泡沫的都会在时间中消散;不以跌悲,属于未来的都会在时间中结果。**对以投资为生的人来说,注定要在这个市场中天长地久,所以我一直都把自己当成企业的一部分,而不是股票的一部分。**

当人们不断去追寻变数的时候,我感兴趣的始终是那些不变的东西,只要它们不变,种种变数就都不重要。方向正确的路往往是最难走的,而这个时候,时间就是你最好的朋友,前提是你不能忘记自己的初心。

第二章 投资从心做起

第一节　创业初心是价值投资的关键所在

尽管价值投资一直都是小众参与，但 A 股运行了 30 多年后，现在越来越多的人开始具有股权思维了。大家逐渐以做实业的心态来面对投资，不以短期涨跌为标准，更专注于企业的长期成长价值。这种氛围比起十几年前，已经是非常难得。那时候玩技术分析的人都算是在走正道，大部分人都是在听消息炒题材，认为巴菲特和芒格只不过是两个外国有钱的老头而已，不会炒中国的股票。

道理大家都懂，但价值投资是知易行难的，面对那些几个月翻倍的种种诱惑，面对连续下跌的股价，很多道理往往仅会停留在语录上，账户总是向现实低头。所以那些暴涨的股票，越是高位成交量越大，追涨一直都是股民的本色，价值投资对有些人来说，更像是被套牢之后的自我安慰。

股权思维，真不是容易做到的，如果说投资就像在创业，那绝大多数创业者实际上都是失败的，以此为锚的投资者，会比现实中的创业者取得更大的成功吗？买股票就是买公司，但一家公司在成长中总会遇到各种各样的困难，要做到股权思维，有些雷就不能绕过去，这是执着还是偏执？

读《腾讯传》的时候，我看到 20 世纪 90 年代末那几个年轻人，在创业初期也是历尽艰辛。在 QQ 开始被市场广为接受的时候，他们却不得不因为用户增长得太快，无力承担服务器的开支，而卖出大量股权，并险些被 21 世纪初互联网泡沫的破裂毁掉所有。是才华，是努力，是坚忍，才有了今日的腾讯。

第二章　投资从心做起

在马化腾的七种武器中，最后一种就是"专注创业初心"。在中国众多顶级企业家中，马化腾一直以低调著称。"在他的创业初心中，改善财富状况的需求让位于个人兴趣和改造社会的热情。在18年中，马化腾几乎摒弃了所有的公共表演，而一直沉浸于产品本身，这构成了他最鲜明的职业特征。"

所谓的创业初心，当然会包含对财富的追求，但最终能够走到高处的创业者，大多数都是对创业本身具有足够的热爱。乔布斯、马化腾、马斯克等领袖级人物，都是专注产品超过赚钱本身的，这是他们历尽艰难，终获成功的重要原因。

对于股权导向的投资者来说，能在狂热或者冰封两种极端市场情况下，仅仅出于财富收益的目的，拿得住那些自己认可的股票是很难的。你对这家企业的产品没有信念，就不会对这家企业有足够的信心，在非常时期对手中的股票产生强烈的怀疑，就是一件很正常的事情了。

投资当然是为了赚钱而来，就像每家企业都需要盈利一样，这是天经地义的。但越是对金钱的追求太过热烈的人，金钱反而会对他敬而远之。**如果投资真的像是在创业，你买入一家公司股票的时候，就相当于是在投产一种产品。你对它的爱有多少，它给你的回报才会有多少。**这是创业的初心，有多少人会选择自己讨厌的行业去创业呢？但很多投资者却对自己拥有股权的产品毫无感情，那他的收益只能祈求好运常在了。

有句话叫作"不和股票谈恋爱"，对于初学者来说是有道理的。那时候大家对股票的判断能力还不足，过于热衷往往会影响自己的客观判断。但一个具有丰富经验的投资者，面对自己深思熟虑，并且深入研究过很多年的企业，应该有足够的能力来判断企业的优劣。爱，不是不分好坏，而是明辨是非之后依然热恋，这才是真正的爱股。

人生若只如初见，饱经世事之后，仍旧怀着一颗赤子之心，这才是难能可贵的。看透了一只股票的种种问题，还可以带着创业初心，满腔热忱地和企业一起成长，一起披荆斩棘。这不是愚忠，而是选择股票的核心要素。想一想，如果你现在27岁，想要建功立业，打造自己的天地，你会选择怎样的创业目标？马化腾在1998年给了我们答案。

第二节　投资中的常识、知识和认识

在很多经典的投资类书籍中，常常会有这样一句话，"相信常识"。违反常识的东西，往往存在着一些表面看不出来的问题，所谓"事出反常必有妖"，这话应该是不错的。但问题在于，一个人的常识来自何处呢？反常，又应该以谁的常识为标准呢？

一个幼儿园的孩子的常识是只要自己一哭就有糖吃，而受过良好高等教育的人早就明白，要想有糖吃，得自己努力赚钱才行。

做投资的都是成年人，但每个人的常识却是千差万别的。一个人的出生环境、教育经历、工作背景，甚至性格和健康状况都能决定其熟知的常识。有的时候，我们是通过社会约定的规则了解常识的。比如说九年义务教育，在规定的教育程序中，我们学习了语文、数学、物理、历史等，这让一个只知道"会哭就有糖吃"的孩子，逐渐明白糖是怎么来的，更明白了有糖吃的前提是什么。这就是知识的力量，理论上掌握知识越丰富的人，其常识就越多。

但为什么是"理论上"呢？因为也确实存在着一些知识很渊博，但偏偏常识还明显不足的人。同样的知识，在不同的人身上，最后转化出来的价值会天差地别，自然就影响了各自常识的储备。能提升这些知识的关键所在是认识，没有足够的认识，单纯的知识丰富是远远不够的。

读万卷书，不如行万里路，说的就是这个道理。书是储存知识最好的载体，但"在路上"所不断遭遇的种种变化，会让我们对过往学到的知识有不断深入的认识。这种在实践中被反复印证并应用过的知识，才能突破人们的自我认识，让大家更好地理解世界的变化，最终形成常识，在关键时候能够帮我们度厄救难。

我看过很多对巴菲特语录如数家珍的人，但投资业绩却一直做得很不理想。有时候，他们会把这种不利归结为市场原因，但没有哪个市场是按照教科书去运行的。"学我者生，似我者死"，知识可以靠时间和辛苦换来，但认识必须要具备举一反三的悟性和开放包容的心态才能拥有。

在投资中，我们经常会遇到千变万化的新形势，比如2020年的那次美股熔断，连90岁的巴菲特都没见过，何况我等后辈。那时候没有谁能预料到这是砸出来的黄金坑，但长期对企业深入理解的人，从内心深处坚信国运昌盛的人，可以靠常识让自己保持冷静，而这份冷静后来逐步转化成了收获。

我们要尽量多积累知识，走出自我认识去更加客观地认识这个世界，并把一切都转化成常识，这是投资者所需要的基本能力，但也是大多数投资者努力终身而不可得的。投资如修心，诚不我欺。

第三节 有些钱不是用来赚的

价值投资最难的一点不是找到价值,而是坚守价值。很多关于估值指标或者是 DCF 估值法其实并不复杂,发现一些企业的内在价值,很多人的投资生涯中都曾经做到过不止一次。但对绝大多数人来说,那些大牛股往往在很多年前就被自己卖掉了,人们经常懊悔,如果当初没卖,现在该如何如何。

我们在日常生活中,也经常会发生类似的事情。比如开车遇到拥堵,总觉得自己的车道推进缓慢,但换了车道后却发现,这条道开得更慢。手里拿着的股票,似乎总是市场中上涨最少的那只,每天看着涨停板上与自己无关的名字,总是艳羡不已,这是大多数投资者都有过的经历。

股市里,永远不缺少诱惑。不患贫而患不均,很多时候人们原本按部就班地执行着自己的计划,但看到身旁不断有人超过,刚开始还能坚持,时间长了很多人就会动心,放弃过去的原则,去拥抱那些涨速快的股票。但春生夏长秋收冬藏,任何事物都有一个从蓄势到爆发的过程,一个人如果总能在爆发的一瞬精准地把握住机会,吃掉最肥美的那一部分,而不去忍受那些横盘甚至下跌的过程,那这个人不是股神,而是神。

对绝大多数个人投资者来说,知道自己的能力边际是至关重要的,有些钱不是用来赚的,看看就好。例如我们看到贵州茅台这几年股价飙升,但也要看到从 2007 年到 2014 年那长达七年的盘整岁月;我们看到长城汽车 2020 年上涨了 3.4 倍,也要看到 2013 年长城汽车股价的高点,直到 2020 年 9 月才真正翻越。台上一分钟，台下十年功，我们看到了光鲜的一面，却很容易忽视为了这份光鲜，有人曾经付出的努力甚至煎熬。

有些钱，就是让别人赚的。"不看人家一夜盖起高楼，不问苍天偏爱谁多"，新手看到别人在赚钱，就赶快去抄作业，但优秀的投资者首先想到的是学习成功者的思路和方法，并应用到自己的投资模式中，以便找到下一个风口。而不是傻傻地站在别人的风口中，等落下来的猪砸到自己身上。

2020年底的市场上有很多高估值的股票，它们在过去一段时间里大涨特涨，不断创出市盈率的新高度。我是不建议大家去追高的，这个观点一直都很明确，但对那些长期持有这些股票的人准备继续持有下去，也非常理解。不同的买入成本，决定了不同的风险承受能力。那些在每股500元买入贵州茅台的人，和在每股2000元买入贵州茅台的人，原本就不是一种人，虽然他们买入的都是贵州茅台。

对绝大多数个人投资者来说，考虑到能力、精力、经验上与机构的全方位差距，做的交易越多往往犯的错误就越多，换股票的次数越多亏钱的可能性就越大。**最好的投资方式，是在估值较低的时候，拿住那些自己最能理解的股票，不要嫌它的业绩增速慢，这就是你的能力所在，何况增速快的股票往往估值早就很高了。**

如果这只股票的估值一直不变，那你未来的投资收益率就是这个企业业绩的增速；如果业绩增速和估值同时提升，那么恭喜你，"戴维斯双击"出现了。这样做虽然会有很多钱赚不到，但却能保证你的长期收益。别总觉得别人都在赚大钱，实际上过去十年能保持20%复合收益率的基金，不分公募和私募，都是凤毛麟角。你看中的那只股票,其实没有那么差。

第四节　利令智昏是投资的最大禁忌

　　世界上有些道理很简单,但很多人做不到,是因为他们觉得太简单了;世界上有些钱赚起来很容易,但很多人赚不到,是因为他们觉得这样赚钱太慢了。投资最基本的道理,就是在便宜的时候买入,然后让优秀的企业带着投资者不断进步。但这种赚钱方式明显是反人性的,一个正常人的思维逻辑是:赚钱,赚更多的钱,更快地赚钱,而股市里大多数人的思维是:用最短的时间赚最多的钱,时间越短越好,钱越多越好。

　　所以,市场上绝大多数人是赚不到钱的,以前这样,以后也是如此。

　　股市是用来融资的,绝不是一个慈善机构。能在企业融资的同时,为自己争取一份权益,并承担一份风险,这是买股票的基本意义。如果我们是在现实中入股一家企业,首先关心的会是分红而不是股价,因为实体企业的流动性很差,哪里会像股市中这样,每天都换一批股东。

　　但在股市里,太多人把这里当成了交易场,往往都嫌分红太少,不如股价上涨来得痛快。有些人虽然是在分析企业和市场的时候头头是道,谈起各位大师的名言语录如数家珍,但真到了交易环节,这些东西就被轻易抛到脑后了。

　　一般来说,"价值投资者"在熊市是最多的,因为大家都被套牢了,割肉舍不得,不割还难受,于是就用"价值投资"来安慰自己。但穿越那漫长的谷底之后,他们就会大叫着"不要浪费这个牛市",两眼放光地冲向那些最热门的板块。那些所谓的金科玉律,在此时已经不值一文,远不及那种买入就赚钱,敢重仓就立刻赚大钱的感觉来的爽。他们的潜台词是:我都当了那么久的价值投资者,不就为了这疯狂的几个月吗?

这个时候,他们是听不进任何话的。道理大家都懂,语录大家都熟悉,但对他们来说,钱是可以超越一切道理,超越一切戒律的。利令智昏,这是对投资者来说最可怕的一件事。不懂,可以学,但我们永远叫不醒一个装睡的人,也永远阻挡不了一个想赚快钱的"价值投资者"。

所谓的牛市,就是一个全市场集体性头脑发昏的过程。不仅仅对一些新入市的菜鸟如此,那些经验丰富的投资者也不例外。他们每天在说的"这次不一样""市场的估值标准已经改变了"等言论,其实每隔几年都会有人说,甚至几年前他们自己就曾经说过,并且也为此付出过沉重代价。但这些轻松赚到的快钱,可以洗刷掉任何一个曾经的烙印,这就是人性。

几百年来市场在不断变化,企业在不断更替,但人性从来没变过,不管未来的大数据有多么完善,不管经典的著作有多么普及,股市始终都是那个七亏二平一赚的地方,不会因为机构越来越有话语权便发生变化。因为现在的机构把散户消灭后,它们自己就是最大的散户,是有了更多赚快钱方式和能力的超级散户,仅此而已。因为机构也是人操作的,人性不变,有些东西是宿命。

第五节　牛市的风险比熊市更大

生于忧患,死于安乐,牛市的风险,一向都比熊市更大,毕竟站得越高摔得越狠！

在股市里有句经典名言，叫作"价格包容一切"。市场上每天都有各种信息，卖方也会发送无数篇研报，里面的消息有好有坏，但股市里最大的利好是股价下跌太多，最大的利空是股价涨得太高。而股价连创新高往往是在牛市，股价不断下跌大多出在熊市。

如果我们真的对企业有坚定的信心和深入的理解，那么牛市就更应该提高警惕，熊市才该表现出胆识。但从成交量上明显可以看出，大多数人都是在牛市才会胆大，而熊市来临，股价最便宜的时候反而会变得草木皆兵。巴菲特最著名的一句名言是"别人恐惧我贪婪，别人贪婪我恐惧"。用在牛市和熊市的关系上也可以说，"越牛市越危险，越熊市越安全"。牛市很多时候就像温水煮青蛙，身在其中感觉会很舒服，一旦习惯了这种舒适感，想抽身就难了。

牛市里的风险主要有两方面，一方面是大盘会不会戛然而止，因为某种原因急刹车，这会带来系统性风险，直接带来大熊市；另一方面则是个股问题，即大盘无碍，甚至还会连创新高，但个股却会出现问题，有些会持续盘整，还有些则调头下跌。

对于大盘的牛转熊，信号还是比较多的，而且往往是全市场都已经暴涨过，整体估值严重偏离经济发展增速的时候才会发生。但个股或者某个板块的独立下跌，有时候并没有那么明显的信号可以提前预知。作为个人投资者，我们总是后知后觉的。而我们所能做的，就是摒弃市场杂音，坚定做好价值投资，相信常识而不是相信泡沫。这样即便有大盘风险，或者板块轮动后的孤立，也一样会拥有长期稳定的收益。

第二章　投资从心做起

不患贫而患不均，当一切都平衡的时候，世界自然风平浪静，而有了第一个不满的人，潘多拉的魔盒就被彻底打开了。适逢牛市，各个板块的粉丝之间，各种交锋也是每天不绝。想想2018年底的时候，大家都在抱团取暖，市场虽冷，各路人马之间倒是一片和谐。但现在有了板块间的涨跌不均，那种特殊时期的患难之情，就完全被抛诸脑后了。

股票上的板块博弈，和球迷论坛中的球星之争，以及各路演艺明星的粉丝互撕，都有着本质上的不同。后两者都是爱好，前者则是真金白银，牵涉到每个参与者的钱袋。我们经常能见到，有些文章对某些股票有所不满，很快就会招来一大波该股票粉丝的轰炸，一时间各种战帖连篇累牍，堪称一大风景。

我一直对2020年市场上盛行的"估值标准重新定义"的观点，有明确的不同意见。但我对所有的板块和绝大多数股票并无敌意。能上市的企业都是行业佼佼者，尽管偶有弄虚作假之辈，但从企业经营的角度来说，这些企业都是业界楷模。股价被炒得过高并不是谁的错，所谓的牛市就是这种给人鸡犬升天的感觉，我看了这么多年，这种味道早就熟悉了。

企业要吃饭，基金要吃饭，股民也想抓住机会翻个身。即便有些资深老股民知道没有不破的泡沫，也想先赚多点，哪怕以后股价有回撤，剩下的收益也比普通行情时赚得多。这就是牛市，有揣着明白装糊涂的，也有实际糊涂装明白的，先把今天的热闹搞好，以后的事以后再说。

在我的字典里，牛市一直都不是一个很阳光的词，很多股民梦寐以求的就是牛市，牛市是他们的太阳，都希望股市就这样一直灿烂。但对我而言，牛市更像是月亮，一面是人见人爱的"白玉盘",另一面则是阴冷荒芜的"埋人谷"。

那个著名的吃饼故事中,一个人吃到第三张饼的时候吃饱了,便开始后悔,觉得前面那两张饼的钱白花了。牛市与熊市的关系,就是这样的。大多数人都不喜欢熊市,但熊市并不是投资者亏钱的原因,亏钱是因为你在牛市里高价买的东西太多了;大家都喜欢牛市,其实牛市赚钱,更多是因为你在熊市里买到了便宜的东西。

市场有牛熊,股票也是如此。有时候市场和股票会形成共振,也有时候股票会与市场脱节,走出自己的独立行情。但不管是上涨、下跌还是震荡,市场和股票都是在围绕价值做往复运动。把牛与熊拆开,那就等于把阳与阴分离,独阴不生,孤阳不长,万物生长的规律自然就荡然无存了。

越是熊市,越应该认真研究,当你长期跟踪的股票出现明显的买入机会时,要大胆重仓;而越是牛市,越需要小心求证、如履薄冰,对每一次交易都要慎之又慎,尤其不要贸然加仓,毕竟高处不胜寒。所谓的"穿越牛熊",不是指一只股票在牛市也涨,在熊市也涨。而是在熊市生在牛市涨,这是规律。如果反过来,在牛市生,那你还指望它能在熊市涨吗?对牛市的误解,是很多人赔钱的根本原因。

如果在熊市没有很好地买入,又不想错过一轮牛市,该怎么做呢?

1. 千万不要追高买那些暴涨了很多,而你又并不熟悉的股票,不买就意味着不亏。

2. 正如上面所说,股票的牛熊有时候和市场牛熊并不同步,当市场处于牛市的时候,仍然有股票还在低估的熊市状态,至于

值不值得买，看投资者的研究能力了。

3. 买点沪深 300 指数基金吧，至少不会跑输大盘。

第六节　面对泡沫，羡鱼不如结网

在牛市里，经常会有一些板块，股价持续走高，估值大大超出业绩的支持。面对这样的情景，很多人都在痛斥，但也有很多人在痛斥之后，看着依然不断上涨的股票，选择了买入。

这种买入，刚开始的时候往往是小幅建仓，但随着股价的继续走强，很多人就开始追加资金，股价涨得越快，资金追加得越多。后面估值被拉得太高，出现大幅回调的时候，这些不断追涨的资金就成了接盘主力。

面对泡沫，能够坚持自己原则的人不多，实际上大部分投资者根本就没有原则，他们都是价格投资者，判断一只股票的主要依据就是股价涨了没有，涨了多少？学习价值投资的人很多，但真正的价值投资者很少。做价值投资的重要条件就是一定要有自己的原则，否则平时背诵再多的巴菲特语录，也抵不上两根大阳线。

也有些人，原本拿着自己熟悉的股票，也赚了些钱，但看着身边的人买到了大牛股，赚得比自己多很多，原本沾沾自喜的好心情就荡然无存了。不患贫而患不均，在牛市里抵御诱惑是一件非常难的事。牛市是什么？是开始大家都赚钱，但最终少数人赚大钱，多数人亏大钱的地方！不断上升的股价，对很多人来说就是催命符。而催命符的催化剂，就是那根深蒂固的攀比心理。

那种泡沫化的大牛股，等泡沫破灭之后，能真正在里面赚到钱的主要是两种人。一种是长期持有者，对他们来说牛市不过是一个插曲，暴涨暴跌并不会改变他们对所持股票内在价值的认可，不管是涨了几倍还是股价腰斩，他们看重的始终是若干年后的那个目标。

另一种则是交易高手，他们会在泡沫刚起的时候买入，后面随着股价的上涨，他们越来越清楚自己正处于泡沫中，知道股价已经严重偏离企业的基本面。他们会选择倒金字塔式的减仓（股价涨得越高，卖出的仓位就越多），或者设置止损线严格执行纪律，后面即便遇到股灾，也能确保拿回一定的投资收益。

这两种人都是少数存在，所以我们听到过去那些"牛年"故事时，大亏的总是比大赚的多。其实即便是上述两种人，收益背后也会有很多没那么光鲜的一面。

第一种长期持有的人，在某一阶段赚的钱会比任何人都多，因为他们的持仓风格往往能把一轮行情最精华的部分全都吃下，如果计算这一段时间的收益率，是非常惊人的。但问题在于，很多股在爆发之前会横盘很久，有些甚至是长达数年。而在一年上涨数倍之后，后面迎来的又可能是数年的下跌或横盘。不能承受这些前因后果的人，就很难拥有这轮璀璨的行情。"一年三倍易，三年一倍难"，这句话绝不是危言耸听的。

第二种交易高手的做法理论上是最好的投资模式。牢牢把握住时机，既规避了前期的守盘，又逃离了后期的暴跌。但我们看到一个人有这般神作的时候，可能并不清楚他这次投资之外，还有过多少次失败。他有多少次判断错误，提前半道下车？又有多少次没躲开大跌，股价直接被腰斩？我们只看到了他成功的一次，便有人以此为榜样，其实有的成功即便当事人自己也是不能复制的。

那么，面对泡沫，该如何应对呢？

有句俗语叫作"临渊羡鱼，不如退而结网"。这句话已经把牛市的选股策略说得很清楚了。牛市的根源，在于流动性超常充沛，并会像水一样，不断向价值低估区域流动，这就是板块轮动。只要是真正具有投资价值的股票，在牛市里或多或少都会迎来泡沫不断增大的过程。我们要做的，就是摒弃市场噪声，专注于自己最认可的企业。只要价值在，估值自然来，只要不追高，好股票总会有兑现的机会。

第七节　我爱熊市胜过牛市

"别人恐惧我贪婪"，这句话大家都耳熟能详，但真到了都恐惧的时候，往往绝大多数人只会更加恐惧。人都有痛觉，因此产生了防卫意识，所以价格投资才是真正符合人的天性。上涨的时候有多开心，下跌的时候就有多难过，大多数人都会趋利避害，所以大多数人在股市里都没有赚到钱。

价值投资者永远都是小众，因为在大家都开心的时候，他们看到的不是股价在上升，不是持仓市值在上涨，而是手里的股票估值越来越高，要提防泡沫的破裂；而在大家都因为股价暴跌而难过的时候，他们却两眼放光，那么多好东西在打折倾销，这才是他们最幸福的时候。

我爱熊市胜过牛市，在所谓的熊市里，才是我最开心的时候。而牛市经常会让我头疼不已，即便表面天花乱坠，其实质也是红粉骷髅。做投资十几年了，我的大部分收益都要感谢熊市。

没有 2013 年之后的蓝筹股低位杀跌，就没有我在 2015 年的翻倍收益。2018 年的股市下跌幅度是历史第二大，但就在那一年的年底，我辞去了所有工作，成为一名职业投资者。

单边上涨可以赚钱，而好股票大跌可以赚大钱，这一直都是我的投资信条。所以很多人问我，2020 年下半年地产股如此崩溃，我是如何给自己做心理按摩的？坦白地说，我真没有这种舔伤口的经验，看着屡创新低的股价，我想的是："这都是落难的王子，一旦重回王宫，那就是不尽财源滚滚来了。"

当然，我们首先得确定这真是一个王子，而不是一个替身。这就是我一天学习 12 个小时的原因。世上没有火眼金睛，只有孜孜不倦地努力。视野和知识能带给我们有穿透力的眼光，也能让我们摒弃杂念、坚持真理，而要得到这些，除了努力学习，别无他法。

知识浩如烟海，我只能守住自己的基点，然后一点点向外搭建能力圈。这就像年轮一样，每一个外延都需要经年累月的沉淀。在能力圈里面，即便遇到了狂风暴雨，投资者也可以安然入睡。而在能力圈之外，或者是一个并不坚固的能力圈中，仅仅打打雷，投资者可能就彻夜难眠了。很多恐惧，都源于自己的出圈。研究一个行业不容易，研究一个企业更不容易，要经过很多次起起落落，我们才能真正清晰地看到行业和企业的利与弊，而这期间我们已经付出了很多代价。

投机则是另外一种恐惧的源泉，与前面的懵懂买入不同，很多投机者开始加仓的时候，并不是因为企业的基本面在好转，也不是因为这只股票的内在价值被低估了，他们很清楚所投资标的的价值并不大，只是想抓住一个机会，有点利润就撤退。但很多时候，机会只是看起来存在，真正去抓的时候，却发现那下面是个陷阱。

于是我们经常看到一些人紧紧捂着自己的股票不放，但那不是因为他真正看好这个企业，仅仅是他在投机的时候一不小心被套牢了。这种恐惧是痛彻肺腑的，投机者往往提起股票的名字都会心痛不已。拿着毫无价值的东西，看着股价大幅下跌，还不敢随意割肉，很多人都有这样的体会吧。人在江湖飘，谁能不挨刀？投机做得多了，被套牢就在所难免。

我在买入一只股票的时候，都会问自己，这笔投资如果两年内不能卖出，是否还要继续？ 因为这样的原则，我少赚了很多钱，也因为这样的原则，我避过了很多坑。在虚拟市场待得久了，我们经常会忘记投资的本质不是炒股，而是入股。看看那些每年只能增长百分之十几，却拥有100倍市盈率的股票，如果这是一个非上市公司，没有套现的可能，你会买吗？

把别人当成傻子的人，经常是现实里的傻子，而股票市场一直都不缺这种自作聪明的人。有些股票的崩溃，只是时间问题，有些股票的上涨，也是时间问题。该守恒的一定会守恒，而大多数投机者会在这个回归过程中，丧失自己的机会。

春生夏长，秋收冬藏。喜欢冬天的人，看哪里都是温暖。熊市，是我最好的朋友，我只在熊市里贪婪，而不会在意谁正在恐惧。

第八节　当股神变成赌神

很多股票大涨之后，会有人站出来说，我在几年前就预见到了这一天。那个预言确实是有凭有据的,他可以翻出以前发过的帖子来佐证。但是,说涨到多少就涨到了多少,这就能证明他当初的预判是对的吗?

在几年前,这只股票的估值已经处于历史上较高的位置,几年后它的股价或者市值确实已经达到了预判者所说的价位,但这种上涨并不是业绩增长所提升的,而是原本就已经较高的估值又出现了大幅增长,甚至是翻倍再翻倍不断刷新估值的历史新高后,才把股价推到了一个高位上。

投资中,这种例子比比皆是,那些短期内股价迅速大幅增长的股票,大多数都是这样靠估值涨上去的,而不是业绩的爆发。业绩增长的速度,可以通过研究企业的经营分析出来,而本来就不低的估值继续翻倍是怎么分析出来的呢?

在进行了深入而又扎实的研究工作后,对那些长期跟踪的企业,很多投资者都有自己的业绩成长预期,兑现的时候经常所差无几。这些能力,是可以通过学习大量的经济学或者投资类经典著作,研究海量的企业成长案例得来的,大致用的都是净现金流折现这样的经典模型,辅以投资者的个人研究心得。但古今中外,能够准确预测估值增长速度的著作几乎没有过。

如果说业绩是股票投资中的理性部分,估值就是感性的那一部分,业绩乘以估值,才能测算出股价。但投资不是一门科学,它更接近艺术的原因,就在于理性部分可以通过能力完成,但感性部分就像小孩子的情绪,很难有规律可寻。

有些行业在景气周期中一直保持高估值,有些行业则常年都是低估值,这是我们能够理解的,但在业绩不变的同样背景下,估值高了还会再高,估值低了还会再低,这容易理解吗?有人可能会抛出"赛道论",但那些高估值的股票只过了几个月时间,在业绩继续增长的背景下,估值却迅速腰斩,这怎么解释,好赛道的保质期只有几个月吗?而半年前还被大家鄙视的招商银行、平安银行,现在的估值却连创十年新高,这又怎么解释,"傻"的有效期也只有几个月吗?

越是短期的业绩越容易测算,但越是短期的估值越难以预期。估值的不确定性,是股票价格难以预测的主要原因,也是做短线投资成功率不如做长线投资高的根本所在。如果用经典的价格围绕价值上下波动的理论来解释,那么价值的主要成分就是业绩,而价格的波动幅度,则代表了估值的短期不确定性。

作为个人投资者,我们无法像大机构那样具备操纵短期估值的能力,能做的就是尽可能遵循价值的方向,忽略短期价格的无序波动。也就是多研究企业,多关注业绩,不把收益的预期寄托在估值的提升上。从某种程度来说,业绩与估值的关系,就像是骨头与狗一样。你去追狗很难跑得过它,但你拿着骨头,走到哪里狗就会跟到哪里。

分析到这里,我们可以看出,有些所谓预见了股票未来价格走势的股神,并不一定就是真正的研究者,他们其实更像是赌神。他们的成功中,运气占据了大部分因素。没人能预测到一只股票的估值会在历史高点上继续翻倍,他们预期的股价,只是碰巧在市场情绪集中爆发的时候出现了。

能够测算出未来几年业绩变化的,才是真正的高手。与那些赌神不同,他们即便有时候的收益率并不高,但时间是他们的朋友,长期来看估值终究是要去追随业绩的。做投资,就不要把希望寄托在估值上,这种钱来得快去得更快。业绩才是价值的体现,有时候我们确实需要一些但行好事、莫问前程的态度。在千变万化的股市中,不变会比变更安全。

第九节 华尔街之狼,利用欲望与控制欲望

如果说离钱越近的地方是非越多,那么股市就是很多是非的根源所在。没有什么地方比这里更充满欲望,在其他领域往往都要先做出产品,然后才能换成金钱,而在股市里所有的一切都是从金钱到金钱,也就是从欲望到欲望的过程,如此直接。

马丁·斯科塞斯执导的影片《华尔街之狼》,就把这种欲望体现得淋漓尽致。多年前,我为一些销售经理做培训的时候,曾经从这部片子里剪出过一个片段,就是乔丹·贝尔福特为公司员工做培训的那段。他歇斯底里地咆哮着,脸上带着丛林野兽般的表情,大喊着"我每次都选择做一个富人",告诉对面那些曾经为无法按时交上房租而流泪的人们,"我希望你们能赚够钱去解决这些问题"。

那次培训的效果非常好,第二天团队获客的时候,明显多了激情,当月的业绩完成得非常顺利。人都是有欲望的,无须回避这些,也回避不了。我的培训对象和乔丹·贝尔福特面对的员工是一样的,大家都在为了生活而奋斗,对他们来说钱绝不是什么崇高的东西,钱就是现实本身,就是房租、奶粉、学费,就是理想和尊严。

利用欲望一向都是让人充满斗志的有效手段,不管是在哪一行都是这样。我曾经听过一个赌坛高手讲过他的必胜秘诀,据这位在澳门赢过数千万元(这是真事,但我不知道他曾经在那里输

过多少）的赌神传授，赢钱的秘诀就是告诉自己一定要赢钱！这很抽象，但我明白了。我之所以每次去都输的原因，是因为我只是去玩的，去之前想的都是输到多少钱就走，所以我注定做不了赌徒。

很多时候坚定的意志源于有足够的欲望，甚至好运气有时候也来自于欲望，无欲无求经常会让到手的好运飞走。但欲望太多，多到自己已经无法控制的时候，就适得其反了。乔丹·贝尔福特虽凭借着超强的欲望成了华尔街之狼，但最终他也毁在了欲望上，因为欲望他放弃了最后一个急流勇退的机会，而最终葬送了自己的生意，也让家庭分崩离析。

欲望是可以利用的，但泛滥的欲望足以伤害所有的强大。历史上，有多少帝王拥有了天下却仍然穷兵黩武，最终毁掉了不可一世的强大帝国。失控的欲望，会随着人的能力变化而不断升级破坏力，毁掉的可能是个人，也可能是世界。

很多人刚刚进入股市的时候，也许并没有太大的欲望。很多人的初心只是想保值而已，收益能跑过银行理财产品就满足了。但一个个乔丹·贝尔福特每天都在激发大家的欲望，我们可以看到各种收益曲线，有自己的，有朋友的，有基金的，也有每天为了不同目的来晒账户的。在这里，激发欲望并不是难事，更多需要的是控制欲望。

看到连续涨停的股票，你能控制欲望吗？看到爆款的基金，你能控制欲望吗？看到自己的股票在下跌，而别人的股票已经涨了两倍，你能控制欲望吗？投资并不难，绝大多数人都知道拿什么股票能长期跑赢理财产品，但绝大多数人都在这个市场上赔钱，控制欲望真的很难吗？

第三章 价值是选股的根本

第一节　选股的核心因素：生意逻辑和商业模式

在选股层面，很多人非常关心一些财务指标，比如净资产收益率、息税摊销前利润、毛利率等。这些都是评估企业的重要数据，由此能看出该财年企业的经营表现，但并不能反映出这家公司未来发展的基础逻辑。尤其是从短期来看，很多数据都是可以调整或平滑的，把数据当成是否买入企业的主要依据，很多时候会对投资者形成严重的误导。

企业如人，需要我们用立体的视角来理解，仅靠报表难以看清楚企业的全部。**我们在选择一家企业的时候，在理解那些数据之前，必须要理解的是其生意逻辑和商业模式，脱离了这两个核心因素，报表研究再深入，也都是纸上谈兵。**

生意逻辑是一个企业安身立命的基本所在，企业所有的生产、研发和营销，都是围绕着其生意逻辑展开的，偏离了这个基本逻辑，后期的发展往往就会遇到更多困难。对于生意逻辑，首先要理解"生意"这两个字，企业的投入会不断产生出新的增长，再投入会形成再增长，这才是"生意"。围绕这个"生意"展开的思维体系，才构成了生意逻辑。

比如贵州茅台，从产品角度来看，这是一种烈性白酒。但喝茅台的人绝不是简简单单在喝酒，也不是单纯为了口感而买单。在很多场合，也许菜品并不都是山珍海味，但只要桌上放着两瓶茅台，就足以表明主人对来宾的重视程度。有句话叫作"无酒不成席"，而最具代表性的高端酒品就是茅台了。茅台酒已经成为国人顶级社交场合的一种标志性符号，这是它真正的生意逻辑，

第三章 价值是选股的根本

只要社交环境不变,茅台的价值就可以始终体现。

为了始终保持这种顶级社交场合的象征意义,贵州茅台应用的商业模式也是针对性精心打造出来的。飞天茅台近年来一直在限产,让市场始终处于饥饿状态,不管放出多少量,几乎都是被秒杀的局面。同时还不断提升年份酒的价格,让大批放量被收藏起来,一方面提升了茅台酒的金融属性,另一方面也导致市场上的有效流通更加稀缺,奇货可居。

在这种严重的失衡状态下,不管是分销商还是直销体系,工作都变得非常简单了,这是真正的不战而屈人之兵。虽然零售价格定在每瓶1499元,但除了中彩票式的抢夺战,普通消费者根本就买不到2000元以下的飞天茅台。从商业模式的角度来看,贵州茅台也是世界上顶级的存在。中国白酒业的龙头,过去几十年一直都在变化。从汾酒到泸州老窖,再到五粮液,贵州茅台有今天的地位是靠多年来精心完善的生意逻辑和商业模式打拼出来的,绝不是生而得之。

我们熟悉的很多企业,从今天看来,似乎都是幸运儿,但实际上在它们的成长过程中,也都历经了风风雨雨,是靠着生意逻辑的优势和不断丰富的商业模式,才有了今天的行业地位,甚至是社会地位。

比如腾讯,早期也是不断探索各类产品,经历了多次存亡考验后,终于凭借着QQ在线社交一统天下的超级优势,才有了今天数万亿元市值的超级航母。当所有人都在想谁能打败QQ的时候,腾讯又主动自我革命,推出了统一移动端在线社交的产品——微信。腾讯的生意逻辑是"连接一切,让别人无可连接"!

在商业模式上,腾讯紧紧扣住"连接"这一核心逻辑,游戏、广告、小程序、公众号、视频号、移动支付、腾讯云等都是围绕着"连接"有序展开的。在外部，腾讯的投资也在全面收获，包括美团、京东、拼多多、贝壳找房、快手等家喻户晓的明星级网站和App，也都是围绕着"连接"而形成的战略布局。当下的腾讯，不仅有着超级稳固的核心堡垒，更有着众多超级强大的盟友，而连接它们的就是"连接"这个核心逻辑。

各行各业中，能成为龙头的企业，都有着自己独特的生意逻辑和与之相匹配的商业模式。**大家在研究企业的时候，首先要对其生意逻辑的内涵产生深刻的理解，这样才能更好地理解它的商业模式。而那些财务指标，只是生意逻辑和商业模式的数字化体现，脱离了这两者，自身往往就会产生不断的错觉。**

第二节 内外有别：选股的两种模式

有多少投资者，就有多少种投资风格，也就有多少种选股模式。但大体来说，选股可以分为两大类，一种是自外而内，另一种则是自内而外。不同的选股类型，对投资者后期的操作影响巨大，这是投资的根本性问题之一。

自外而内，是根据市场上的商机进行深入梳理，找出那些尚未兑现自身价值的股票。这种商机可能是企业的经营价值被低估，这是从基本面考虑；也可能是股票的交易价值被低估，这是从市场角度来看的。相对来说，这种自外而内的选股模式，选出的股票未必是投资者原有能力圈范围内的，有些甚至相距甚远，毫无关系。

投资者需要在较短的时间内，迅速熟悉该股所在的行业和企业，这对投资者的学习能力和资源整合能力的要求都比较高。可一旦达到预期效果，投资者就有机会在市场聚焦的时候准确切入，规避长时间的震荡或者磨底过程，该股票的爆发力往往都是惊人的，投资回报会比常规模式高出很多。

这种模式还有一个优点，如果投资者的市场敏感度较高，就有机会在不同热点板块之间进行切换，单位时间内的投资效率自然会大大增加。但反过来，由于前期准备的时间毕竟不是很长，没有足够的时间观察仓位来发现问题，难免有一些负面因素，会因为投资者的能力不足或者资讯有限等因素影响，导致其考虑不周，在后期投资行为的落实过程中，出现意外损失。

所以，在投资中我们经常能看到一种人，似乎什么热点股票都有买入，每个板块爆发的时候他都会在场，但到年底算账的时候，他的收获却没有大家想象中那么大。剑有双刃，一面朝外另一面就会朝内，这种快速而又广泛的研究模式，既可能带回来大牛股，又可能带回来的是"大棕熊"，投资者必须要有足够强大的能力、精力，甚至是人力和财力，才能保证投资整体的良性比例，否则有赚有赔，收益的不确定性还是很大的。

自内而外，是指投资者根据自己的能力范围和风险偏好，对股票进行针对性筛选，不管一个企业有多好，只要不是自己真看懂了就不去尝试。 这种模式有时候会被人嘲讽为按图索骥，过于教条和刻板。股市在每个交易日都会不断变化，不管是什么样的行情，都会有走势好的股票。有时候，在一个明确的上升趋势里，一些股票的价格上涨是非常明确的，如果只看自己能力圈内的那几只，肯定会错过很多赚钱的机会。

这种自内而外的选股模式，坚持下来是比较难的，因为投资者总要面对外面的诱惑，尤其是在所谓的牛市里，身边都是大赚特赚的股民，看到自己账户收益偏少的时候，还能坚持相对独立的模式，并不是一件容易的事。

多与精，在很多领域里都是一对矛盾。相对而言，机构投资者自外而内的选股能力更加强大。其拥有更大的资金规模和更多的专业人才，与上市公司沟通的渠道也较多，研究能力和研究范围都远超个人投资者。随着各类基金的火爆发售，市场上的机构越来越多，留给散户的生存空间自然也就越来越小。

我个人是偏向自内而外的选股模式的，投资不怕你有很多短板，就看你有没有自己的长处。三千弱水，一瓢足矣。同样的资金量，选十只股票赚20%，和一只股票赚20%的收益是一样多的。个人投资者去和机构比"广"，难度可想而知，但在某些自己擅长的领域，研究深度比很多专业研究员还要厉害，这也是经常有的。尤其是那些有一定行业背景的投资者，在某些领域具有一定的个人优势也是屡见不鲜。

当然，喜欢自外而内选股模式的投资者也大有人在，我也亲眼见过不少，我很佩服他们的博学和精力，但我自己不是这样的人，也就不做这样的事了。据说李小龙先生有一句话，叫作："不怕对手有一万种腿法，就怕对手把一种腿法练了一万遍。"我准备用30年时间，去把这一种腿法练上十万遍。

第三节 简单的力量，才能从心所欲

世间最公平的道理，是愿赌服输，因为你不服输也没用。从赌的一瞬间开始，很多事情就已经注定了。当然这个"赌"字，

第三章　价值是选股的根本

也可以说的含蓄一点，称其为选择。

人为什么会做出一个选择，有时候是有确定因素的，有时候似乎并没有什么道理，只不过当时信手指了个方向。这就决定了，选择有时候是必然，有时候是偶然。但不管是必然还是偶然，我们都要为自己的选择负责，这也就是愿赌服输。

不管一个人的学识有多高，很多性格里的东西，还是会带到他的某些举动中。这些东西，他也许早就有所察觉，很多时候会克制、会掩饰，但到了非常时刻，还是会在不经意间显现出来。所以，有些老板考察员工，会选择和他们一起打麻将的方式，因为空口无凭，在真金白银上才能看出来人的本来面目。也有些人做生意，喜欢在酒桌上挑选合作伙伴，酒后见真情，平时精心掩饰的东西，在酩酊大醉之后，往往都能一览无余。

所以说，很多偶然的东西，实质上还是有必然的成分。正所谓台上一分钟，台下十年功，阴错阳差的某些操作，绝不是大意了，也不是灵感乍现，而是必须要愿赌服输的结果，不要抱怨，也不要回避，那是你真正的样子。历史上的很多投资名人，都曾经有过辉煌的投资生涯，很多人的名字到现在还经常被人提起，但他们的结局未必都是好的，有些还因为投资失败而穷困潦倒甚至自杀离世。

对于以投资为生的人来说，即便前面成功了一千次，后面一次归零，就会彻底失败。这就是投资的艰难所在，大家总喜欢和别人比成功，但最终的胜利者往往却是失败时损失最小的那个。

落到选股上，就是一定要做那些你看得懂的企业，看懂了就会简单，就会减少无明。无明尽处，便是慧眼。慧眼独具，方能在最合适的时机选择出最适合自己的好股票。好股票不一定是股价增速最快的，却是能让你最赚钱的。

落到交易上，更是要尽量简化自己的交易行为。有经验的投资者，都有属于自己的模型，这个模型越复杂，出问题的点就会越多，而且一旦出现问题，导致的不良反应也就越难收拾。

绝大多数刚进入股市的人，往往会看着五花八门的理论和技术垂涎欲滴，但真学起来却总是贪多嚼不烂，最后都是蜻蜓点水，浅尝即止。能化繁为简的人，已经非常难得，而从一开始便能穿透迷雾，直指人心的，才是大智慧。

从心所欲，一直都是学习者苦苦追寻的境界，而通往这个境界的路途，就是不断把自己的知识和心性简化的过程。虽然投资者不会有佛门那么多的清规戒律必须遵循，但能时刻提醒自己相信简单的力量，对绝大多数人来说都会受益良多。

第四节 董事长思维还是总经理模式

同样是作为企业高管，董事长和总经理的思维模式有很多不一样的地方。董事长的职责，是站在企业的战略高度，对未来发展做好长期规划，同时要选好总经理来把这个战略落实下去。而总经理的职责除了协助董事长完善战略规划外，更需要在实践中把战略转化为战术，并要不断去解决业务中出现的各种问题。

企业初创的时候，业务规模比较小，一般都是董事长兼任总经理，从战略到战术，从规划到执行，都是一肩挑。但随着企业的不断壮大，一个人事无巨细的模式已经无法保证效率，这才有了董事长和总经理的分工，有些集团化企业还会有很多位总经理。

如果说投资就是创业，那么对个人投资者来说，选好自己的定位也是至关重要的。面对一个业务简单清晰的企业，兼具董事长的思维和总经理的模式是有可能的。但如果研究的是数百上千亿元规模的上市公司，其内部还有好几条业务线，又想提升高度又要深入问题就比较难了。

个人投资者在时间、精力、专业、资源等方面，在市场上都处于绝对的劣势。再怎么勤奋，仅仅靠自己的努力，对行业和企业的研究深度和广度，都是难与机构相匹敌的。对需要适当分散的投资者来说，每增加一只股票，就相当于多耗费一部分研究精力。如果每只股票都深入研究到产品细节，即便是全职投资者，也是无法面面俱到的。

我们能看到一些投资者，研究的领域有十数个甚至更多，一年发表的文章中，剖析的个股数有几十上百个，从文章到研究标的都是高产。这背后如果不是一个团队在配合，只是个人来完成，其研究的深度是很难有保证的。这些作者往往还是有较高的投资经验的人，而对那些刚入市没几年的新人来说，一年能跟踪两三个企业就很不容易了。

我自己常年的持仓股票大致在 10 只左右，其中绝大部分来自于地产、互联网、银行、保险、家电和白酒，2020 年才开始买入猪企。为了打造这几个能力圈，我用了十多年的努力。现在每天用于研究这些企业的时间要超过 10 个小时，还要拿出一些时间来培育新的能力圈。在老能力圈的巩固过程中，不断会出现新的难点，而在新的能力圈创建中，也经常会遇到完全超出自己知识储备的问题。

我也曾经尝试过，希望对每个企业都能做到深入骨髓的理解，但有一次与一位前辈聊天之后，我放弃了这个想法。老先生是白手起家的，厨师出身，后来开了饭店，因为饭店搞起了海鲜批发，进而搞起了海水养殖。他的名下有七八家酒楼，一间有十几个分支的连锁海鲜专营店，还有好几家养殖场和一个捕鱼船队，水产贸易已经做到南美洲了。

他有这么多生意，但平时却基本上不太过问业务，用他的话来说"看好账，管住人"就可以了。这六个字对我的触动非常大，投资者要是能对企业的大小事务都了如指掌当然最好，但即便是一个企业的董事长也很难做到这一点。投资必须要抓住最主要的问题，那就是"钱"和"人"，其他部分能深入最好，但与其面面俱到却都浮皮潦草，还不如把"钱"和"人"的事尽量研究清楚。

我的投资体系是在这之后，开始完善起来的。那种深入问题细节的总经理模式，我没有能力在十多只个股上都做到，而以战略为核心，以"钱"和"人"为主要观察点的董事长思维，对我来说更切合实际。"信不过的账不看，信不过的人不投"，由此我放弃了很多暴涨的机会，但绝大部分时间里我都没有遭遇过大幅亏损。

总经理模式，是问题还没发生就能够提前预判，但我们毕竟不是企业内部的核心层人员，再怎么深研，等我们看到问题的时候其实质已经很严重了，这个"总经理"是很难当的。

董事长思维，是等问题出现后再考虑投资进出的，这和我的"左侧买入，右侧卖出"原则完全匹配。所谓"左侧买入，右侧卖出"指的是在股价低于判定价值后便开始买入，不管是否已经到底；而在股价超过判定价值后开始卖出，不做提前预估但这种模式不太适用于那些背景复杂的企业，如果一个企业会毫无征兆地突然暴雷，这个时候的左侧买入损失就会很大了。

一直以来，我更喜欢买龙头企业的原因就在于此，龙头股一般都不会是涨得最快的那只，但会涨得最稳，波动也相对会小一些。对长线投资者来说，持有几年的收益，并不比那些行业内的成长股收益少。

地产、互联网、银行、保险、家电、白酒等行业会更匹配董事长思维。而医药、科技等行业，看战略就不如看产品了，往往几个核心产品的表现就能决定一个企业的兴衰，这是想不当"总经理"都不行的，而且需要投资者有一定的专业能力，不是投入精力就能保证产出的。

当"董事长"还是当"总经理"，或者想二者兼任？每个人都会有不同的答案，这也是投资的精彩之处。对绝大多数人来说，提升自己的战略高度，从"钱"和"人"来切入，相对会更容易着手。除非是有一定的从业背景，否则想做"总经理"还是比较难的，而且细节看得太深入，在高度上反而容易降低。

第五节　如何打造自己的能力圈

我把选股分成"自外而内"和"自内而外"两种模式，前者是根据市场的趋势来确定投资方向，然后进行针对性研究，建立买入和持有策略；而后者则是根据自己固有的能力圈，通过研究和学习，不断向外扩展，期间不管一个企业有多好，只要自己不是真看懂了，就不会去尝试。

大多数人刚入股市的时候，或多或少都是从"自外而内"模式开始的，听消息、看新闻、读分析报告、跟踪盘面热点，总有途径让我们发现那些"牛股",事实上对很多资深股民来说,这种模式仍是其主要的选股方法。如果赚了钱,他们会归功于自己判断正确,研究深入;即便是亏了钱,很多人也会归咎为没能在高位减仓,而不认为自己当初买入有什么问题,毕竟前面涨了那么多。

我也是从"自外而内"模式开始投资的,并且持续了整整6年。由于我是在黄金市场入市,开始交易的时候,对于标的的真实价值只有主观理解,过了一年多才知道自己买进卖出的是什么,那根本不是我们见惯了的金子,而是一种货币工具。

之后开始正式做股票的时候(在此之前,我做了两年模拟盘),我买入的第一只股票是我最熟悉的万科,那更多是对行业的一种尊重,只是一种本能,还谈不上能力圈的概念。好在我当时已经工作了十几年,知道一个企业赚钱有多么不容易,从骨子里就不相信那些概念和题材。后面懵懵懂懂地在市场里沉浮了5年,虽然没赚到什么钱,但也没踩过雷。

到了2014年,我终于有了一个完整的能力圈概念,换句话说就是知道自己有什么不能做了。我把那些现在都已经记不住名字的股票全都抛掉了,仓里面主要就是保险、银行、家电等几个行业的龙头企业。2015年上半年,原来的习惯还是没有完全被去除,也跟着市场的热点买过东方财富、乐视网等超级牛股,虽然没能抵挡住爆发性收益的诱惑,但也没敢重仓,就当买了几张彩票娱乐一下,并且在5月底全都卖掉了。

2015年六七月的股灾,我是成功避开的,由于当时我的主要持仓都是银行股,又在7月不断买入,账户还创了新高。可后面的迭代股灾我还是没完全躲过,原本赚了两倍的收益缩水成一倍。要不是熔断出现在 2016 年元旦后，当年收益还会大幅下降。

到了 2016 年中旬，2015 年的超级牛股们，大多已经跌得惨不忍睹，身边在股市里亏钱的故事也不断传来，加上一年来的切身感受，我终于彻底成为一个"自内而外"模式的投资者。我的能力圈，就是以我最熟悉的房地产为原点，不断向外扩展的同心圆。银行、保险、家电等行业的景气度，都与房地产有直接关联，白酒则是与我在地产圈里的切身感受密不可分（白酒是地产文化中很重要的一部分，作为直接受伤者，我的网名"朱酒"这个名字就来自于"诛灭酒族"）。

我通过地产股将很多不同板块的投资逻辑联结在了一起，这是构成我能力圈的基本因素。我买入的股票，都是在我的能力圈范围内的。对于一些看好的行业或者股票，我至少要在买入前研究、观察、跟踪三年，建仓的时候也只会从很小的仓位开始。

2018 年，我踩了一个入市以来最大的雷，那就是万达电影，由于长期停牌，恢复交易后万达电影连续出现了四个跌停，第五天还以接近 9% 的幅度低开。实际上，我在 2017 年 6 月的时候，就已经做好了破位止损的准备，但不成想并购交易会导致长达一年零四个月的停牌，开盘就是跌停，根本没有止损的机会。好在我的仓位比较小，虽然跌幅很大，但损失并不多。

这更加坚定了我紧守能力圈的态度，后来有人问我是否可以买入某只股票的时候，我会反问他："如果这只股票一周内下跌 20%，你是否还会继续买入？越跌越开心的股票你就买，否则就要慎重。"这都是用血的教训换来的！

我现在在做职业投资，其实对于银行、保险和地产这些与国运紧密相连的企业，我平时看的并不多。我的大部分时间，是用来学习那些自己有可能看得懂的行业和企业,"有可能看得懂"这几个字很关键,我从来没想过去研究医药、科技类的企业,对一个文科生来说,这个跨度有些大,那些生产"我能看得懂的产品"的企业,才是我关注的重点。

我开始买入牧原股份,是因为它在圈地运动上的逻辑和地产开发非常相似;我开始买入腾讯控股,除了用过20年腾讯的产品外,决定性因素是我判断腾讯的金融科技已经进入全面收获期,与银行股的基因重叠了。一点点去扩大自己能力圈,出圈的股票不碰,很多时候我被人认为是食古不化,能赚的钱为什么不赚?如果我只是来股市碰碰手气的人,我会什么钱都赚的,但我想在这里长期生存下去,想几十年后还能继续留在这个市场中,那么对我来说,原则比赚钱更重要。

没有原则,赚的钱很快就会还给市场,有了原则,该赚的钱就在那里等着我,时机到了自然会进入我的账户。当然,守住能力圈并不意味着一成不变,投资者的能力增长就在于能力圈的有效扩大。我们都需要拥抱时代,这与原则并不违背,它们之间的距离就是两个字——学习。学习是投资者相伴终身的好习惯,我在学习,一直都在学习。

第六节 白马股的七大投资逻辑

虽然我现在是专职做投资,有较多的时间去研究行业和企业,但我基本上都是在白马股中去选择购买对象,尤其是喜欢买入那些众人皆知却都在嫌弃的大笨象,从来没发掘出那种小众牛股。平时和一些做投资的朋友交流,当对方不断提起一些股票的名字时，我经常一无所知。而我说起的那些股票，却经常迎来对方意味深长的微微一笑。

很多股票对资深投资者来说是不屑一顾的，在他们看来这都是些过气的行业，即便还能长期生存下去，也失去了成长速度。这些股票由于市值较大，很难在短时间内被爆炒，一年涨几倍的行情基本没发生过。

谁都想在市场上赚得越多越好，但短期可以靠眼光准、靠敢下注，甚至靠运气好，但对于一个以投资为生的人来说，我需要的是一二十年甚至更长时间的稳定盈利，那种大起大落的风格并不是我所追求的，有时候看起来不错的收益，中间经过了多少风浪只有当事人自己清楚。

我所追求的第一个阶段目标，是从 2014—2023 年这十年间，实现 20% 以上的年化复合收益率，这个阶段整体经济还处于较快的增长过程，20% 是可以争取的。在已经过去的 7 年时间里，我的年化收益率是 36.1%，只要后面每年收益保持正增长就可以大幅超出。

2023 年之后的目标，需要届时再定，考虑到 GDP 增速趋稳，目标大概率是要下调一些的。对于已经实现的收益率，我就是靠着这些被人鄙视的大笨象实现的，未来的预期盈利目标，我相信这些大笨象仍然会帮我达成心愿。在股市里有很多误区，有些以讹传讹，在市场上甚至形成了很大的影响，对新股民投资三观的形成并没有好处。下面我将拆解买白马股的逻辑，供大家参考。

一、白马股的长期收益并不低

很多人心目中的白马股，是和笨重、老旧、增速慢、弹性差联系在一起的,其实有些小盘成长股只是弹性大,给大家带来了强烈的感官冲击,并不是成长有多快。2020年,公募基金在市场上翻云覆雨,但过去十年年化收益率能超过20%的公募基金(也包括所有的私募基金)堪称凤毛麟角,超过15%就算是很优秀了。

对于一个普通的个人投资者来说,如果过去十年单仓持有融创中国、贵州茅台、腾讯控股和格力电器,收益率几乎会跑赢全市场的专业机构,拿着招商银行、万科A或是中国平安,也可以在各大机构中名列前茅了。有些企业看着体量很大,但它仍然很能赚钱(见表3-1)。

表3-1 七只股票十年年化收益率

序 号	股票名称	十年年化收益率(分红后买入)
1	融创中国	34.57%
2	贵州茅台	34.18%
3	腾讯控股	32.9%
4	格力电器	24.49%
5	招商银行	19.16%
6	万科A	18.78%
7	中国平安	15.3%

二、GDP增速趋缓后,龙头企业的优势会更大

对于一个快速发展中的行业来说,小企业的基数小,一旦遇到行业景气度较高的好时机,增速确实会比较快,很多时候还会大幅超出行业龙头。但从长期来看,龙头企业的逆周期能力会更强,长期的业绩增速稳定性会更好。

随着经济体量越来越大，全国 GDP 的增速相比十年前已经明显放缓了，这也意味着大部分行业从跑马圈地的增量时代，开始进入集中度不断加大的存量时代。很多行业的整体营收增速已经越来越慢，有些甚至出现了多年不增长的态势，但这些行业中照样存在净利润长期保持高增长的企业，很多大牛股都出在其中，比如白酒和家电。

这是因为存量时代，资源不再丰富，行业后起之秀不得不与那些占据了行业大部分资源的龙头企业展开正面交锋，资金、研发、渠道、品牌、定价权等全方位处于优势的行业领导者，市场地位会更加巩固。白马股变成白龙马，取经之路会平坦很多。

三、白马股的信用相对更好

股市里最重要的不是企业的成长速度，而是企业的信用。在造假成本不高的大背景下，踩雷的可能性一直都存在。相对而言，白马股中虽然也有一些造假者，但尚属少数，毕竟数百上千亿元的市值在那里，造假者要顾虑的东西会比较多。

中小企业由于企业规模相对较小，粉饰报表、经营欺诈的可能性就会大很多。尤其是在牛市里，很多股票在很短的时间内，股价有机会暴涨数倍，一些控股股东发现做到自己儿子退休都赚不到这么多钱的时候，铤而走险的事情就容易发生了。

如果只是数据虚夸，就还有机会挽回一些损失；但如果是经营上全面造假，导致股票最后退市，就可能让投资者血本无归了。这样的股票，投资者即便只重仓一只，后面可能很多年都无法恢复元气。

四、 白马股的研究资料更丰富

个人投资者的能力、精力、财力、物力、人力等，都与专业机构相差很远。有的时候，我们可能看好了某只潜力股，但除了财报，能查询到的其他信息实在太少，想去企业调研也根本得不到接待。这种弱势，是个人投资者的先天不足。

相比之下，那些白马股的各种研究资料就比较容易找到，一些突发信息往往第一时间就能在各类财经网站上看到报道。资金量比较大的投资者，甚至可以直接到买方那里购买付费报告，这种便利性大大缩小了个人投资者与专业机构之间的差距。

五、 稳定的股息是最后的安全边际

进入股市，大家都希望能够赚到股价上涨带来的收益，这是每个投资者的投资源动力。但市场总是跌宕起伏的，股价也不会一直保持上涨态势，横盘甚至下跌是经常会遇到的事情。

有些股票可能会长时间没有上涨，或者是股价上涨的速度很慢，直接收益并不理想。但对利润比较稳定的白马股来说，即便股价上涨的幅度不大，仍然可以通过赚取股息来弥补收益。中小企业的业务稳定性要弱一些，经常会有大起大落的情况，整体而言派息能力是不如白马股的。

市场上很多股票的股息率可以达到4%以上，有些甚至能达到5%以上，这比银行理财产品的收益率还要高。即便股价不上涨，凭借着高额股息，买这些股票也比把钱存在银行收益更多。

而且股息到账后还可以继续买入，赚取额外的复利，积少成多，时间长了也是一笔不小的盈利。

六、白马股更适合在左侧买入

我经常会说一句话"我爱熊胜过牛"，股市里赚钱最安全也最迅速的时候，往往不是在牛市中，而是在熊牛转换的那段时间。如果要把握住熊牛转换，就需要在市场还在下跌的行情中大胆买入，也就是在左侧买入，但这种买入一定要以对企业有足够的理解为前提。牛市里那些高歌猛进的股票，大多都是右侧标的，市场好的时候被抬得很高，但市场下跌的趋势里，这些股票经常持续下跌，不断创出新低。

2017年和2019年，对我来说是两个收益较好的年份，主要原因就是我在2016年和2018年买到了大量廉价筹码，后面所谓的行情只是个变现的过程。在熔断之后，在历史第二大熊市中，只有那些基本面完好，经过市场长期检验的白马股可以让我放心持有。每一次牛熊转换，都是这些大家伙大显身手的时候，屡试不爽。

七、股票也看红不红

有些企业基本面一直不错，但股价却始终不温不火，长期遭受市场的冷遇。这就像我们看电影的时候，经常会发现里面有些演员，演技出色，外形也不差，但就是红不起来。

在股市里也会出现这种情况，并不是最好的企业就有最快的股价增速。有些业绩相对差一些的股票，估值却比业绩更好的那只高出很多，导致市值也是明显超出，这是经常发生的事。

好演员未必会有高收入，有些所谓流量明星却经常爆出天价片酬，因为他们有很好的话题性，够红！A股近几年不断扩军，现在已经有4000多只股票上市，如果再加上港股和美股，那么投资者就需要面对上万只股票，根本不可能全部深入研究。

不涨的股票很多时候不是因为不好，而是了解它的人实在太少。有时候，某个企业出了点负面新闻，股价却是先跌后涨，这就是企业引起了市场的关注。一部电影上映之前，往往需要做大量的宣传，这样才能让更多影迷产生观影欲望。很多宣传不到位的影片，就会遭遇叫好不叫座的尴尬局面。那些想要做市值管理的企业，也需要不断加大自己的曝光率。

在这方面，白马股由于具有规模、时间和品牌的全方位优势，获得的市场关注明显更多。关注白马股，只关心它的经营就好，业绩到了市值自然会水涨船高。而被市场淡忘的企业，很难赢得和自己业绩匹配的估值，这就是不红的代价。

第七节　100倍市盈率的股票，你真看懂了吗

牛市是鸡犬升天的日子，很多股票就指望在牛市赚点钱，然后便是数年的沉寂。牛市的一大特征是估值会整体提升，当投资者习惯了那些10倍、20倍市盈率的股票之后，看到50倍、60倍的股票时，会本能地觉得泡沫太大。但当这些股票的市盈率再翻一倍，到了100倍的时候，很多人就会忘记曾经的质疑，开始拥抱泡沫了。

第三章　价值是选股的根本

人是容易被环境改变的，尤其是有所盈利之后。当看到三位数市盈率的股票接连出现的时候，各种理论就会不断登上舞台。赛道论、××牛等口号开始不绝于耳，说到底都是在为高高在上的估值寻找合理的解释。

有些赛道都存在 20 多年了，在 GDP 两位数增长的时候，企业都没有实现的业绩增速，GDP 回落到个位数增长的时代，就能梦想成真了？还有些概念股目前仍是群雄逐鹿阶段，很难看得出谁会成为未来绝对的龙头，但市场已经给出了一统天下般的市值。更有甚者，某龙头企业的市值，竟然相当于该行业当年全部销售收入的四倍，腿真的可以比腰粗？

如果说互联网这样的行业，随着技术的不断迭代，未来的成长空间仍旧难以估量的话，那些现在比较成熟的行业已经整体性过了快速增长期，除非前一年的基数太低，否则各家公司的业绩基本上不会有爆发性的跳跃式增长。绝大部分行业中，净利润能连续 3 年保持在 20% 以上的企业，都已经屈指可数。

单就市盈率来看，过去 10 年中，A 股市场上能连续 3 年保持在 100 倍以上的股票极少，连续 3 年保持在 50 倍以上的股票也为数不多。假设一个市盈率为 100 倍的企业，其年化净利润增长速度为 25%，如果 3 年后要降到 50 倍市盈率，那么它的股价就需要下跌 2.3%。连续 3 年 25% 已经是不低的增速，50 倍市盈率也是不低的估值，对 100 倍市盈率的企业而言，即便同时满足这两个条件，3 年后的股价还是要下跌的，这是一个很清晰的账，并不难算。

面对 100 倍市盈率的股票，仍然想要享受泡沫的投资者，一定要好好算算如果要达到自己预期的收益率，企业需要在 3 年内保持什么样的业绩增速，企业需要满足什么条件才能达成这个增速？有些账算细了，结果就不像看着股价持续上涨那么鼓舞人心了。

当然，我们上面的分析，都是针对关注基本面的投资者的。也有一些投资者，并不在意企业的真实经营状况，他们玩的就是击鼓传花的游戏，完全把股市当成了赌场。这样的行为就与投资无关了，无论100倍市盈率还是200倍市盈率，对他们来说都是一样的，某种程度来说市盈率越高的股票人气越旺，更适合做赌具。离钱越近的地方，是非越多，对于这种人的言论，大家一定要小心，有些话要反过来听才是。

资本市场再怎么发展，也终归要回落到现实中，让我们多想想常识，多看看现实吧。大凡在企业工作过的人，都知道企业赚钱要经历些什么，上市公司在规模上有优势，但赚钱的基本原理并没有什么不同。过去这些年，我们看惯了一只又一只大牛股，但不管当初它们是用什么理由被炒上去的，没有相应的业绩支持，后面都是跌多跌少的问题。有些所谓的例外，不过是时间还没到，太阳底下没有新鲜事。

第八节　从2021年"巴菲特致股东的信"看股票的气运

气运是一种很玄妙的东西。在中国传统文化中，气代表着天地间最为细微的物体，是无法再分割的一种东西。由于无法再分，气就成了万事万物最基本的组成部分，而它的主要特性就是动。在动的过程中，气的聚合和分散演化出世间一切的形体，这些形体在聚散中吸纳着或者失去着气，改变着气的数量，这就是气数。气数与命运结合在一起,便构成了气运。

万物皆有气运,投资也不例外。做投资,我们有很多种模式和方法,这些模式和方法可以估算出企业的业绩,预测到宏观经济的趋势,能理解市场情绪,反映资金动态。但世界上没有必胜的投资,再高明的投资者也不可能每次交易都可以获得成功。

在2021年"巴菲特致股东的信"中,巴菲特就提到了对于精密铸件公司的"那笔难看的110亿美元减记"。这是2016年那笔高达372亿美元的巨额投资,在时隔5年后交出的答案。

"没有人以任何方式误导过我,我只是对精密铸件公司的名义盈利潜力过于乐观了。去年,整个航空工业的不利发展暴露了我的错误判断,航空工业是它们最重要的客户来源。精密铸件公司其实是一家很好的公司,是其相关领域中的佼佼者。这家公司的首席执行官马克·多尼根(Mark Donegan)是一位充满激情的管理者,和被我们收购之前一样,他一如既往地投入了大量精力,有他管理公司,我们感到很幸运。

到现在我都依然坚信,当年自己的判断是正确的,即随着时间的推移,精密铸件公司将在其投入的净有形资产中获得丰厚的回报。但是,我在判断它未来的平均收益上出错了,因而也就错误地计算了合理的收购价格。"

关于精密铸件公司的收购,是巴菲特平生最大的一笔投资,在规模上甚至超过了伯克希尔在2009年以260亿美元购得北伯林顿铁路公司(BNSF)控股权的交易。但就是这样一笔超级投资,让股神不得不承认"精密铸件公司绝不是我所犯的第一个类似错误,但它是个很严重的错误"。

事实上,在收购精密铸件公司之后两年多的时间里,巴菲特仍然认为这是一笔很好的投资。在2018年伯克希尔·哈撒韦的股东大会上，他是这样说的："无论长期以及短期的愿景，说老实话，这其实是一个非常好的业务，提到飞机，我们还有其他一些公司，但我现在觉得飞机制造还是非常理想的，而且是互相依赖的。它的质量，原配件以及所有的零件都是能相辅相成的。

"大概有7500万至1亿美元的利润都在里面。非常可靠的质量，对于精密铸件的质量以及送货的时间，我们已经有相应的合同。在飞机开始进行生产之前，这个交付的时间已被排期好了。我去年听到一些实际情况，关于部件销售还有其他生产商到我们公司来订购的一些情况，我们已经有五到六年内的一些合同。所以，也许我们的公司会补充做一些其他公司没有办法做的事情。

我知道，在航空制造飞机及精密铸件的这些业务里，你会看到大概一年有四亿美元的并购数字，而且这些是有形资产，但有些东西是不能扣税的，还有所有的一些计算。我们今天坐在这里，我们也随时在监管。伯克希尔已在并购上面花了非常多的资金。刚刚讲了四亿美元，这并不是我们所谓的经济上的花费，这句话我不会再多争辩。这是我的观点。

多尼根在经营这个公司，做得让我非常满意，他不仅是一个非常好的经理，这一点毫无疑问，他同时对我们也非常有帮助，而且他非常热爱自己的工作，没有人能击败他的工作方式及其结果，不管是在运营还是在管理上面，他真的是替伯克希尔尽了极大的力。所以，这个公司就并购来讲也是非常好的，而且有一个长尾的产品以及好的收益。"

时隔三年，这个"非常好的收购"，却出现了110亿美元的亏损。事实上，如果不是由于2020年席卷全球的新冠肺炎疫情，导致全球航空业出现了灾难性衰退,关于精密铸件公司的收购,也许仍然还是那个"非常好的收购"。企业是好企业,管理者是优秀的管理者,但气运变了,一切美好都变成了压力。

作为个人投资者,我们不但远不能与巴菲特相提并论,与绝大多数的机构比较也是全方位落于下风。但实际的投资操作中,却总能看到很多人在做那些超出自己能力的事。在高位融资加仓,只看一些简单财务指标就敢全仓投入,对企业的经营和产品一无所知却能持有数载,我们每个人身边都有不少这样的投资者。

连巴菲特都会深陷其中,谁敢说自己就能看清楚一切呢?巴菲特的失利并非来自当初对企业有误判,也不是收购后经营管理不善,他这一次是亏在了气运上,那种人类无法抗拒的气运。110亿美元虽然是笔巨款,但只占了伯克希尔·哈撒韦2020年425亿美元净利润的25.88%,巴菲特还是巴菲特,相信随着全球经济的复苏,这笔钱还有机会重新赚回来。

但普通投资者不但能力见识不足,对失败的承受力也一样远远不及。过分投入,失利一次可能数年都翻不了身,有些人甚至会就此离开市场。2021年春节后,很多2020年表现优异的赛道股出现大幅下跌。才过去了十几个交易日,就听到了有人爆仓的消息。多少人嫌赚钱慢,但他们不知道,亏钱是绝对不慢的。

市场是有气运的,股票也有气运,每个人都有自己的气运。老老实实做好分内的事吧,相信常识,远离那些让你追高的声音,不要总想着几天就能改变自己的命运,不要孤注一掷,给自己留条生路。让时间带着我们走向富有,而不要把自己交给运气。

当你觉得一切都尽在掌握的时候,想想气运,当然那些觉得自己不平凡的人可以例外。

第九节　给股票贴标签,无异于画地为牢

拿到一只股票,先判断一下这是价值股还是成长股,这是有些人对股票的基本定性方式。但价值股和成长股之间,实际上是没有明确分界线的。一般来说,价值股具有市值较大、市盈率低、股息率高等特点,业绩增速慢而稳定,受宏观经济周期的影响比较大。

成长股往往市值小,市盈率高,股息率相对偏低,业绩增速快但是波动较大,有时候会在经济周期下行期间走出自己的节奏。但这些定义都是不够严谨的,我们经常能够发现一些难以分类的企业。

比如,腾讯控股拥有着中国企业的最高市值,绝对是霸王龙级别的庞然大物,但过去几年仍然能保持平均每年30%多的业绩增速,比很多公认的成长股还要高,它应该算价值股还是算成长股呢?贵州茅台在很长时间里都是价值股的代表,但看看其50多倍的市盈率,只有0.9%的股息率,这更像是一只成长股的标志性数据。

奥拓电子,曾经是2015年那轮牛市的明星股,2020年的市值不到30亿元,过去3年净利润增长了120%,股价却下跌了近60%,而市盈率还有50倍,股息率不到2%。这样的股票在A股为数不少,港股、美股中就更多了,它肯定不是价值股,但可以将它看作成长股吗?

除了价值股和成长股之外，周期股和非周期股也是大家经常喜欢做区分的。其实万物皆有周期，所谓的"穿越牛熊"，只是因为企业的产品周期在某一阶段暂时没有与宏观环境同步而已，并不能说明某个企业甚至某个行业真的可以抵御周期的压力。

而且，股票涨跌和企业经营未必是同步的，在周期低点的时候，即便有些企业的业绩看起来不错，但股价一样会不断下滑。事实上，大部分人对周期与非周期往往是用股价的涨跌来判断的，这是价格投资者的常用方法，与真正的企业经营相距甚远。

现在都在提新经济，TMT行业是弄潮儿。过去几年，这里确实出现了很多大牛股，但一将功成万骨枯，每一只大牛股背后都有无数的失败案例。即便是已经上市的公司，也是后浪推前浪，我们在不断看见新人笑的同时也能不断听见旧人哭。每个时代有每个时代的产品，形式虽然千差万别，但满足客户需求、解决客户痛点的基本思想是不变的，不断迭代、始终保持与追赶者之间的差距也是不变的。

并不是只有属于某个行业才代表先进，白酒都有几百年历史了，也一样没有过时，食品、饮料、家电、银行等传统行业从来就不缺少长牛股。有时候我们看到一些股票短期爆发力强，但并不一定就代表它的长期走势会更强势，只不过是这些股票的弹性比较大，上涨时候涨得快，下跌时候跌得也很快，长期来看不一定就比那些保持匀速增长的股票收益更大。

这种贴标签式的股票研究模式之所以流行，主要原因是炒股的人太多了。他们没有耐心一只股票一只股票去研究，也没有兴趣长期与企业共成长。贴标签是为了营造更理想的炒作环境，让市场形成错觉，用概念和题材来掩盖个股基本面上的差异。

我们经常能看到某个板块短期内"鸡犬升天",不管里面是大白马还是垃圾股,都能迎来股价的爆发式增长。然而炒就是炒,炒过之后还是一地鸡毛,白马抖抖灰尘仍会继续前行,而有些垃圾股几年之内都很难再翻身了。

即便很多时候看起来比较相似的同类型企业,其成长逻辑和发展模式上也会相差甚远。比如,腾讯和阿里巴巴经常被相提并论,在很多领域里,彼此之间确实也有一定的竞争关系,但两家公司各自的核心生意逻辑和商业模式还有很大的区别,其股价涨跌关系很多时候也并不同步。

为股票贴标签,只会让我们把研究工作浮于表面,影响对企业内涵的理解和判断。如果是一名想长期在资本市场中生存的投资者,需要做的是深入研究企业、研究行业、研究产品,而不是画地为牢,用标签把自己框住。化繁为简是融会贯通之后的简洁,而不是浮皮潦草的简陋,投资者下的功夫早晚会体现在自己的账户上。

第四章

交易是价值的一部分

第一节　投资中的节奏

万物都有节奏，耳朵听到的节奏，便是音乐；眼睛看到的节奏，便是美术；心里感受到的节奏，决定了我们的喜怒哀乐；身体感受到的节奏，决定了人的生老病死。投资也有节奏，对一个投资者来说，最可怕的不是短期涨涨跌跌，而是失去了自己的节奏。

每个人都希望自己拥有更多的知识，似乎拥有的知识越多，能力就越大，但人都是有极限的，在极限之内我们可以掌握自己的节奏，而超出了这个极限，就会被外物的节奏牵引，最终失去自己的节奏。

不是每个人都有自己的能力圈，大多数普通投资者整个投资生涯一直都在懵懵懂懂中度过，赚不赚钱，完全依靠运气。所以他们苦苦追寻的只有牛市，在那个鸡犬升天的环境里，去捡一些天上掉下来的馅饼，这是大多数人对投资的理解。很多人不愿意承认，但这就是事实。

即便是一些建立了自己能力圈的人，也经常在贪婪与恐惧中离圈而去。在贪婪的时候更加贪婪，在恐惧的时候更加恐惧。当有些人为自己有了新的突破而沾沾自喜的时候，当有些人为自己逃过一轮大跌而洋洋得意的时候，他们是在失去，而不是在得到。

节奏是信仰的具象，如果只是如旅游中的赌客一般，偶尔试试手气，那么输输赢赢都无所谓。而我们此刻谈及的是投资者，是那些把投资当成事业来做的人，他们做的事情才是投资，这与是否赚钱并无关系,决定性的因素是态度和时间。

时间是那个有节奏的嘀嗒声,它能穿越一切,毁掉一切,也能成就所有的伟大。一个投资者的职业生涯,就是在和时间赛跑。这与普通的比赛不同,比时间慢是输,比时间快太多,一样是输。

除了那些大彻大悟者,或者客观环境使其摆脱了种种束缚的人以外,大多数投资者都如苦行僧一般,需要极度的自律来让自己远离利令智昏和惊慌失措。

当然,如果与节奏和谐共生,这种自律就只是外人看起来的苦,历尽艰辛的苦行僧,心里可以比所有世人更加澄净和安宁。但如果不是那种发自内心深处的节奏匹配,自律就如同枷锁,令人苦不堪言。

价值投资是价值观的投资,这在仓位上体现得更加充分。一个投资者的仓位策略,代表着他对市场的喜好,也代表着他对人生的态度。仓位结构,是对不同股票成长节奏的理解;仓位比例,则是承压节奏的应用表现。

固定持股,长期不动,这是动与不动间的节奏。没有变化,就是最大的变化。高抛低吸,仓内轮动,这是安全边际的节奏转换。频繁地变化,是为了把节奏之外的部分消除,尽量沿着最熟悉的节奏前行。

动也好,不动也好,这都不是关键。动与不动,都是为了找到最心安的节奏。此心安处是吾乡,这就是节奏。

第二节 长线持仓却有颗做短线的心

我经常用马拉松来比喻投资,每个跑马者都会有一个参赛计划,其中最重要的就是配速。不管是430(每公里用时4分钟30秒)的业余高手,还是630的普通跑友,都必须按照自己的配速去参赛。比赛中临时起意,改变了自己的节奏,比预期成绩差出半个多小时的事是经常会遇见的。

投资也是这样,每个人都应该有自己的战略计划,根据自己的资金性质、所选行业的发展现状、所选股票的估值来确定自己的持仓性质。如果是做一些题材股,那么大多都是短线仓,题材用完就要考虑换仓;如果是做银行、保险这样的长期逻辑,更适合长线仓,没有大的市场波动就应该坚定持仓,不要过于在意短期股价的涨跌。

但很多投资者没有这样的战略计划,买入的时候并没有持仓期限的准备。只是觉得这家公司有前途,或者是觉得这只股票估值比较低,买入之后便整天盼着股价赶快涨,一旦遇到一些事件形成冲击,改变了原来的预期,心里就开始急躁,有些甚至会因此追涨杀跌,导致反复被"打脸",不断推高自己的持仓成本。

我们在买入一家公司的时候,首先要问自己,到底为什么买入,看中的是这家企业的哪一方面?这个问题的回复决定了你到底该做短线还是做长线。

如果只是为了一个事件的预期,那么在这个事件发生之际,这个买入就应该告一段落了,继续再持有就缺少投资逻辑的支撑,会直接导致后面股价出现回调的时候,自己心里没有信念的支持,开始随意操作。最可怕的是一些投资者本来是短线买入,但中间出现了股价下跌,便不断地告诉自己:"做价值投资,要长期持有!"结果被埋数年,且经常在市场底部割肉。用长期持有来纠正选股的偏差,结果往往都是在放大伤口。

也有一些开始就准备做长线的投资者，买入了一些有长期投资逻辑的股票，本来这些股票短期涨跌都是无所谓的，甚至持续一年半载的下跌也经常会出现，投资者应该事先做好充分的心理准备。

但有时候这些投资者并没有自己想象中那么强大，股票下跌了十个月就觉得快世界末日了，尤其是现在这种极端分化的市场上，看着别人的股票成倍上涨而自己的股票还在下跌的时候，很多人真的是痛彻心扉。

知人者智，自知者明，"明"是比"智"更深入的层次，但投资却首先应该从"明"开始，先搞清楚自己到底是不是那个可以持股十年的人，然后再决定该去买哪一种股票。

投资者的有些心态是可以理解的，2020年的市场处于一个历史级别的分化状态，银行、保险、地产与消费、科技、医药板块的估值差在整个A股的历史上也不多见。很多人在2018年都能安然处之，因为那时候各个板块都在跌。但现在不一样，"银保地"的低迷已经让有些投资者怀疑自己的智商，"三惨"说的是这三个板块的股票，"三傻"说的就是买入这些股票的人了。

其实，从长期角度来看，"银保地"仍在合理的轨道上，都是那颗攀比的心在作祟。被别人带了节奏，忘记了自己的配速，对这样的跑者来说，跑马拉松就不是一种幸福，而是一种折磨了。对长线持仓者来说，要多关注业绩，少关注股价。业绩是绳子，股价是狗，如果人遛狗变成狗遛人，那就意味着投资的基础不存在了，这才是最危险的事。

第三节　终局思维：时间的诠释者

终局思维，是指从终点或者事后的某个节点出发，回看之前面对选择时的思考模式。人们经常感叹，如果人生能够倒着活一遍，很多错误就不会犯，很多人也不会错过，这就是终局思维的一种表现。

投资者看到一只股票在几个月内出现了翻倍行情，便感慨自己当初为何没有买入，这也是一种终局思维。只不过这是站在终点向前看，可以用来总结经验教训，但具体到投资行为应用的时候，还是需要面对未来的终点，这才是难度所在。

巴菲特有句名言："你不想持有十年，就不要持有十分钟。"这可能是与终局思维有关的最著名的语录了。持有十年的股票对每个投资者来说都是少数，巴菲特的大部分股票的持有期限也不足十年。

但至少我们在当初做买入决定的时候，应该考虑到这个企业十年之后会是什么状态，这样在持有期内，面对种种波动起伏，才能拿得住并直到开花结果。否则某一个产品问题，某一个短期业绩变化，都会让我们怀疑自己的投资选择，直接导致半道下车，错过一个真正的好企业。

关于估值，最有效的方法是自由现金流折现，这还是一种终局思维。尽管很多人把这当成了一个数学公式，代入自己估算出来的折现率，力图得出一个指导操作的结论，但实际上这只是一种思维模式，是用定量的方法得出定性的依据。当然，这至少是一种有效的思考，但其中最有价值的部分并不是算出来的数值，而是如何确定折现率。

正如前面所提到的，一个人如果能够倒活一遍，他就等同于先知或者预言家，知道该怎么去应对生活中的种种际遇。一名投资者如果知道了企业十年后的业绩，自然会对现在的股价有一个理性的判断，避免高价买入更能避免踩雷。**我们现在对市场和企业进行苦苦研究，实际上研究都是若干年后这家公司的经营状态，而建立在这种研究之上的投资，才能成为价值投资。**所有关于估值的测算方法，也都因此才算有效。

可以说，不管是有意识还是无意识，终局思维都是投资的核心工具之一。**我们买入一个标的，是因为对终局乐观；我们卖出它，则是因为对终局悲观。在一定程度上，乐观时间的长度决定了我们持仓的周期。**

投资的本质是时间，终局思维并不等于长线思维，实际上长线本来就没有固定的时间标准。同样的时间对每个人的意义是不一样的，同样的股票对每个人的价值是不一样的，而同样的股票，同样的业绩，对不同投资行为的影响也是不一样的。

对专注企业长期成长的投资者来说，长线持仓的确定性更强，可能犯的错误数量自然会大幅减少。如果投资者看到的是十年之后的企业状态，准备长期持有，那就不会因为几个月的错杀而沮丧，也不会因为几个月的暴涨而兴奋，在时间面前这些都是真正的浮云。

但这种模式最大的问题在于时间跨度太大，对投资者的商业洞察力要求自然也就更高，如果不是自己非常深入理解的行业和企业，建议不要轻易做超长线持仓。投资者做的可能是价值投资，但也可能因为自己的判断失误，而出现严重的损失。毕竟有时候只犯一次大错，就抵得上很多个小错误。

而如果一个投资者走短线风格，也不意味着他就比长线持仓者相差很多，毕竟每个投资者的资金性质和所能承受的压力都是不同的，不是每个人都有足够的资金可以多年不动用。短线投资者的终局，距离当前时间会比较近，对这样的投资者来说，有时候会因为股票涨了很多而舍不得卖，有时候则会因为跌得太多，而被迫去做长期持有，这都是很危险的事。如果投资者当初买入的时候，所看到的终局由于时间周期的变更而完全失效，那么这笔投资从终局失效的时候就已经失败了。

不管多长时间的持仓，每笔交易都有自己的终局。因何买，因何卖，千万不要把终局随意延长或缩短，那会让投资者失去坐标，让很多看起来有价值的东西变得毫无意义，有些甚至会让我们把投资变成一场真正的赌博。

第四节　守住自己的位置

竞技项目中，运动员都很重视自己的位置感。足球运动中有"跑位"这一术语，有些球员没有强壮的身体，也没有特别出色的技术，但跑位能力优秀，一样成了顶级球星，比如大名鼎鼎的因扎吉先生。

我刚开始踢足球的时候，总是和一大群孩子一起，跟在球的后面跑，球到哪里人就追到哪里。常常是跑了一整场，球都没碰两下。后来我发现，有的孩子就比较聪明，他的速度不快，技术也不好，但就站在自己的球门前，总是有球可踢。于是我也开始找固定的位置，只不过我喜欢守在对方的球门前，偶尔哪一脚踢正了，兴许还能进个球。

这种缺少位置感的体会，对很多行业的新人来说都是经常会遇到的。股票市场上的新人，也经常是哪个行业热门买哪个，哪个股票涨得多买哪个，但忙活了好几年，可能买过的大部分股票都涨了，自己的账户却是亏的。

作为散户，不管是能力、精力、财力、物力，都与大机构有天壤之别，跟着它们的节奏，无异于火中取栗。一个人的能力圈既需要日积月累去培养，更需要经年累月去维护。市场上天天都有热点，总是跟着市场走，就像是离了孙悟空所画圆圈的唐三藏，迟早会遇到白骨精。

投资其实并不难，难的是找到自己的位置，更难的是守住自己的位置。看见鲜衣怒马的人们呼啸而过之时，部分投资者蠢蠢欲动的心就容易开始做蠢事。如果你种的果子是秋天收的，就别去羡慕春天的草莓和夏天的樱桃，默默耕耘，属于你的季节到来的时候，回报终会如你所愿。

第五节　股票投资真的有顶和底吗

做投资有很多流派，但大致来说可以分成价值投资和技术分析两大门户。价值投资注重选股，而技术分析注重选时。选股，是相信优秀的企业可以穿越牛熊，赚的是企业成长的钱，认为股市是一个正和游戏，大家可以一起赚钱。选时，是相信可以通过市场的波动赚到其他交易者的钱，即便是经济低迷，所有的企业都不景气，也一样可以有自己的收益。技术分析者，未必都是相信股市是零和游戏的，但操作上还是把零和游戏当成股市的规则在看。

很多人做技术分析是为了预测点位，以为找到了最高点就能逃顶，找到了最低点就能抄底，有些人终生都在做这样的尝试。我确实见过此中高手，有时候点位预测的误差不到千分之一，让人叹为观止。

我相信这种天赋的存在，技术分析的核心是数学，有些人对数字的敏感程度让我这个文科男以为看到了神仙下凡。但我自己还是有自知之明的，那种优秀肯定不是我努力就能换来的。所以我坚定地选择了价值投资，但从来不排斥技术分析，那是一个真实的存在，只不过是我自己没有那样的能力。

技术分析的精华在于选时，但选时的精髓不在于预测，而在于对策。如果技术分析只是为了证明某一个点是顶或者某一个点是底，那就和赌博没什么两样了。轮盘赌只能下一注的时候，非单即双，非红即黑，开出来就只有胜负之分。而真正的选时，是不管单双还是红黑，都会有相应的对策，区别只是某一种方向的摩擦成本会高一些。

价值投资，能够告诉我们股票的价值所在，以及股价是否已经偏离了价值。很多人以为属于投机者专利的高抛低吸，实际上是价值投资者的基本功。真正的价值分析与技术分析原本没有泾渭之分，但只有建立在价值分析基础上的技术分析，才会长期有效。

纯粹的价值投资可以独立生存，只是资金效率会受到影响，但纯粹的技术分析就无异于玩火了。市场上，做股票的还是投机者居多，玩技术分析的人远远多于做价值投资的。可绝大多数技术分析者仅是就数字谈数字，就趋势谈趋势，所以技术分析在高位往往效果好，但到了低位就会经常失灵。从这个角度来说，整天喊底的人应该都是技术分析者。

其实，能搞清楚什么是好股，哪里还用在意什么是顶，什么是底。

第六节　股价涨得快，赚钱就更多吗

"股价涨得快，赚钱就更多吗？"这句话看起来像是废话，投资不就是期待股价涨得快点吗？很多人都是这么理解的。但我们算算细账，有时候还真不是这样。

我曾经在雪球网做过一个小调查，从2012年开始，全仓贵州茅台的投资者都有谁？雪球网上有很多著名的茅台投资者，重仓的有，但长期全仓茅台的也是凤毛麟角了。

之所以做这个调查，是想探讨一件事情，就是有那么多对茅台非常看好的投资者，为什么还是不敢全仓茅台？要知道过去几年，除了极少数股票外，茅台的股价增速是遥遥领先市场的。即便是重仓而非全仓茅台的人，其整体收益也很难跑赢贵州茅台的涨幅。

投资要适当分散，避免"万一"出现，这是一种原因。另外一个原因就是，茅台的股价增速确实太快了。股价上涨的驱动因素可以分成业绩增速和估值增速两部分。对我而言，涨得快从来不是拿不住的理由，尤其是每股收益的增速推动的上涨，是要坚决拿住的，比如地产股。

但市盈率所推动的上涨就是个问题了，有些股票近百倍的市盈率到底合不合理？这个见仁见智，暂不评判。但100倍的市盈率，后面提升到200倍的概率会变得更小，这点大家应该都有共识。即便后面市盈率不会下跌，保持不变，股价再提升也只能靠业绩推动了。最近我经常提到一句话：当估值不变的时候，股价是靠业绩推动的。这句话在我多次选股的时候，让我避免了踩雷。

对于上涨太快的股票，我们要分清楚它是靠业绩推动的，还是靠估值拉动的，更要搞清楚它的长期业绩增速和估值维系（或估值提升）所需要条件之间的关系。说到这里，我之所以在反复买入后又反复卖出茅台的原因，归根结底，不是对茅台酒没有信心，而是对其业绩增速下滑后，估值提升的持续性缺少信心。业绩是企业做出来的，估值不是，业绩可以通过基酒去计算，但我确实没有能力预测估值。

股价上涨，投资者的收益肯定是有提升的。驱动原因为业绩推动的时候，持有的确定性是最强的，而靠估值修复或者估值泡沫去赚的钱，对投资者来说，风险就会随着股价的上涨而不断累积。

茅台还是确定性最强的企业之一，所以估值可以靠业绩×时间去化解，但有些股票后面一旦业绩有了问题，双杀的危险就很大了。**对普通投资者来说，赚钱的关键因素其实不是收益率，而是仓位。而决定仓位的最关键因素，则是确定性。**股价涨幅大，如果投资者的仓位比例小，其绝对收益并不比那些重仓但涨幅慢的股票高多少，有时候甚至可能会更低。有些股票，股价涨得并不快，主要原因是其长期靠业绩推动，估值总是保持低位。正因为如此，投资者才敢于重仓（这里所说的仓位，不是股票账户里的钱，而是一个投资者所能调动的全部资金），甚至是敢于把全部身家押在上面。积年累月，投资者的绝对收益并不低。例如，招商银行和中国平安的购买者中，就有很多这样的投资者。

严守业绩，不幻想估值，这是获得长期收益的根本所在。

第七节　价格投资者才是价值投资者的真正对手

中国股市的开户数有1.6亿，减去在不同券商中的重复账户和马甲账户，大约有5000多万人是真正的股市投资者。

雪球网号称有3800万人注册，现在基本上与整个股市的股民结构比较相似了。有很多聪明的投资者在这里学习，整体上来说，球友们的投资收益率应该不低。但按照七亏二平一赚的大原则，雪球网上大部分投资者也是很难赚到钱的，这就是股市真实而又残忍的本来面目。

所以，我们经常听到的观点和声音，也许都是那些长期亏钱的人在反复诉说的。在这里，别迷信什么，中国股市一直都是"韭菜种植基地"，那些每天喊着"不管用什么方法，能赚到钱的方法就是好方法"的人，过往的投资经历恐怕大多不太如意。

能跑赢博尔特就能拿奥运冠军，问题是你怎么跑赢博尔特？能赚钱的就是正确的方法，问题是没有正确的方法你怎么赚钱？在赌场里，能赢几注的人太多了，但能把钱带出赌场的人又有多少？

其实有些人的投资方法也没那么复杂，他们不读也看不太懂财报，不研究也研究不明白企业的商业模式，对K线图一知半解，对技术分析的理解也流于表面。他们不是价值投资者，也不是技术派，他们炒股的最主要方法就是看股价。跌得多了，昨天的心肝宝贝立马变成垃圾废物，涨得多了，"牛夫人"随时可以变成"小甜甜"，哪怕这个企业曾经劣迹斑斑且至今没有稳定增长。

在雪球网争论的时候，价值投资者们经常会指责对方在投机，其实和价值投资者真正对立的不是投机者，而是这些价格投资者。"别人恐惧我贪婪，别人贪婪我恐惧"，这是每一个价值投资者的座右铭，但价格投资者信奉的却是"别人恐惧我更恐惧，别人贪婪我更贪婪"，低位杀跌的是他们，高位追涨的更是他们。

世间所有的真理，都抵不过他们眼前的浮盈。不管他们之前挂在嘴边的是巴菲特还是芒格，看到连续的大阳线，都可以立刻抛之脑后。

信仰算什么？等我把这笔钱赚了，再回来和你谈信仰吧。

年年岁岁花相似，岁岁年年人不同，这十几年来，每隔一段时间价格投资者们就会涌现出来，然后在一波洗礼后皈依成价值投资者，等下一波行情大涨，他们又会恢复本来面目。如此循环往复，他们在股市里留下了无数家财。

2015年上半年，我刚关注雪球网的时候，某大V正如日中天，据说几个月就赚了一个多亿。他公开荐股，那些代码都是连续暴涨过后的"大牛股"，跟着他买入的人为数甚多，而这些赚了钱的人说话的语气和当今的某些投资者如出一辙，只不过现在叫"赛道"，那时候叫"互联网+"。2015年下半年，他赔光资金，离开雪球网了，后来靠消费粉丝为生。每逢行情见好的时候，他都会在微博上喊几嗓子，但再也没回过雪球网。

如今在雪球网上经常看得到的一些老牌大V，五年前很多都是被鄙视的对象。这么久过去了，他们还在这里春种秋收，而鄙视他们的人已经换了好几茬。

第八节 持有是否等于买入，关键看仓位

有一个著名的问题：持有是否等于买入？答案见仁见智。对我来说，这实际上不是一个性质问题，而是一个仓位问题。太多人喜欢股价的上涨，而我更喜欢好股票的下跌。**股票的投资价值是随着股价的上涨而不断下降的，理论上股价高于其内在价值越多，持仓就应该越小；股价低于其内在价值越多，持仓就应该越大。**

但在实际中，股价涨得越高，追捧的人就越多；股价跌幅越大，摒弃的人也就越多。大多数人都没有耐心，他们想的是一夜暴富，而且习惯性地对那些在播种的人不断嘲笑。只是播种的人知道自己的收获在哪，嘲笑改变不了什么，而在播种的季节只谈收获的人，他们就要祈求上天的眷顾了。

春生夏长，秋收冬藏，每一个季节都是好时光。在该买入的时候买入，在该持有的时候持有，在该撤离的时候撤离，这是投资最基本的原则。个人的能力圈不一样，市场也有不同的节奏。所以投资者经常会看到别人的股票都在涨，而自己的持仓却持续下跌的情景。这是投资中的常态，甚至是投资必须要经历的过程。

那种总能避过鱼头鱼尾，总能吃到鱼腹最鲜美那块肉的人，属于天才和好运的完美结合，与凡人无关。但却总有些自命不凡的人在苦苦追求这种理想模式，所以我们经常能看到有些人宣称一直在拿着"大牛股"，但其长期收益也并没有多少神奇。其实不管是公募还是私募，所有公开业绩的机构，能有超过20%的

年化收益率就已经是凤毛麟角的存在了，奇迹毕竟只是少数，没有太多复制效应。

一个人的收益，当然会受到股价涨跌的影响，但更重要的是他所拿的那只"大牛股"，是否下了重仓？我知道有人每一轮行情，总能拿到风口上的股票，但年化收益率并不突出。这也好理解，如果你把主要行业的龙头股都买入1%，哪一轮行情你都不会落下，但对总持仓收益又有多大意义呢？

我开一个新仓，至少要准备3年以上，所以我对市场的热点一直都不敏感。刚入市的时候，我也是喜欢追热点的，但我发现对于只研究了几个月的标的，并不敢下重注，而且持有的仓位在遇到较大波动的时候，由于研究深度不足，真的是很难拿住。

研究不深的股票，运气好的时候能赚一点钱。但对于一个长期生存在市场中的人来说，运气好和运气不好都是相对的，早晚会平衡，只有深入理解了企业的内在价值，才会在运气不好的时候也能赚到钱。

我做投资不会让自己装得太满，不会去挑战极致，更是从来不赌。所以在超级牛市里，我不会去追逐那头疯牛，单边市输给"指数"是经常的事情，因为"指数"意味着是永远满仓的状态，即便我的选股赢了它，也可能会输在仓位上。当然，所有的超级牛市最后都是要崩溃的，谁都可以在牛市嘲笑我，但我更喜欢笑到行情的结束。

而给自己留的这个空白，就是日后可以腾挪的空间了。孤阳不生，泡沫早晚都会破裂，从未例外。不满的时候，就是给自己留下了满（不仅仅是满仓）的机会。善守者，藏于九地之下，不满就留下了"藏"的机会。很多时候我们需要像一个狙击手，连续多日的隐藏，就为了扣动扳机的一瞬间。

除了仓位比例的控制，持仓结构上我也会有严格的纪律。单只个股占总仓位的比例一般不超过20%，极端情况下不超过30%，单行业个股占总仓位比例的上限为50%。我的持仓中往往会有波动平稳、波动较大，波动大三种标的，这三种标的的市场节奏会有所变化，这就给内部调整留下了可用之机。有时候看起来好像总有资金在往里补，实际上那是对节奏的把握。

2021年的情况很复杂，算是仓位内部调整比较频繁的一年，但这种行情也不会经常出现，随着市场整体进入"慢牛"节奏，以后的持仓会更加稳定一些。这种平衡，是根据自己的情况而设计的，对个人投资者来说，仓和仓不一样（有的人全仓可能只占他可投资资产的10%，而有的人全仓已经占到其可投资资产的200%），钱和钱也不一样（A股大部分投资者的资金不到50万元，这和500万元、5000万元的玩法完全不一样），没必要去和谁比较，能实现自己的目标才是最重要的。

回到最初的那个问题，持有是否等于买入并不是问题，重要的是仓位，持有不会增加仓位，但买入会。我喜欢靠下跌赚钱，归根结底是喜欢那种放心重仓的感觉。只有被低估的股价，才会让买入与仓位形成良性循环。而在高估阶段，每一份买入都是对仓位的沉重压力。压力大了，就会变形甚至会坍塌。

大部分人都会在熊市持有，因为被套牢了；大部分人都会在牛市买入，因为看到别人都在赚钱。大部分人都在股市上赚不到钱，因为他们没有在熊市买入，没有在牛市持有。在播种的时候只想收获，这是一切不幸的开始。

第九节　下跌是价值投资者最幸福的时刻

下跌是价值投资者最幸福的时刻。对真正的价值投资者来说，如果企业的内在价值不变，股价越跌就意味着我们用同样的资金能买到更多的股份，这当然是好事。但真到了大跌来临，绝大多数人却变成了价格投资者。"别人恐惧我贪婪"，经常会变成"别人恐惧我更恐惧"！

2020年底时，在雪球网上曾经有位球友很严肃地问我："融创中国是不是出了大问题，要暴雷了？"我回答说："融创中国虽然今年可能销售不达标，但整体回款还是不错的，而且公司今年地买得不多，还发行了不少ABS（资产证券化），年报的负债情况和现金流都会有很大改进，基本面正在好转。"他直接回复我："不可能，跌成这样，肯定是要暴雷了，我清仓了。"

他对企业的判断，完全是以股价涨跌为依据的。所以2021年初，当融创中国的股价出现连续上涨，他又问我："融创中国现在是不是可以加仓了？"我真的无言以对。他此时买进，后面一旦遇到比较大的波动，他还会继续怀疑企业是不是出了大问题，仍然是拿不住。

这是投资中非常常见的一幕，我们观察一下市场每天的成交量就能清晰地看到，越是股价在低位的时候成交量越小，而股价越是在高位成交额就越大。追涨杀跌一直都是市场的主流，所以打折促销这种事情只能出现在商场里，股市里讲究的是拉高出货。

我们经常把市场先生当成真理的化身，实际上，市场的主要

第四章　交易是价值的一部分

表现方式就是价格围绕价值反复波动，绝大部分时间里价格都是高于或者低于价值的，这是波动的基本形态。也就是说，市场绝大部分时间都是在体现一种情绪化，如果一个投资者离市场过近，他的投资也会变得非常情绪化。所以在雪球网上，我们经常透过文字都能感受到很多投资者难以掩饰的兴奋与压抑，因为他们遵循的是市场的节奏，而不是自己的。

市场大部分时间都是错的，但归根结底是对的。从短期来看，市场就是错的，总是在偏离价值的道路上奔跑。但价值投资最大的好处，就在于价值终会回归。所以从长期的角度来看，市场又总是正确的，只要我们坚守价值，就一定能找到和它共鸣的时候。

巴菲特曾经说过："如果市场总是有效的，我只能沿街乞讨了。"我们面对抱团股高高在上已经大大脱离基本面的估值不必愤慨，敬而远之就是了，泡沫哪一次不是以破灭为结果？而面对那些基本面良好，股价却在大跌的股票，也不必抱怨，赚钱的时刻到了，千万别如临深渊。

我一向爱熊胜过牛，最喜欢的就是在市场一片狼藉的时候，买入那些廉价筹码。在高位，我是从来不用场外资金的，但到了绝对低位的时候，我根本没有时间恐惧，只会努力寻找所有能找到的资金全力买入。2018年12月，我辞掉工作成为一名职业投资者，并用上了手里全部现金；2020年4月，我卖掉了所有的非自用房产，全部投进了股市。市场总会给你恩赐，问题是你是否做好了准备。

当然也有另外一种人，从来不缺少魄力，也确实在大家恐惧的时候足够贪婪。但他眼中的好股票，常常只是牛市的弄潮儿，这些鸡犬升天时候的"大牛股",早就偏离了自身的真实价值,有些甚至连业绩都被篡改过,这种贪婪就是致命的了。股价下跌是价值投资者最幸福的时刻,但前提是投资者真的理解了这只股票,毕竟有些人的能力圈里并没有能力。

  2018年12月,我买的是每股35元的格力电器;2020年3月和4月,我买的是每股30元以下的招商银行和每股70元以下的中国平安;2020年12月中旬,我买的是每股27.5元的融创中国。这都是陪了我多年的老朋友,在市场最残酷的时候,我选择了信任它们,它们也给了我足够的回报。建议每位投资者都买入一两只可以信赖的股票,你真正地理解它,有着足够的信任甚至信仰,在最危急的时候,它就是你的避风港。如果没有,那你根本没有能力圈,更不要谈价值投资了。

第五章 地产是个好生意

第一节　我为什么买地产股

买股票，有几十个行业可以选，在这个讲"赛道"的时代，地产股好像不太受待见。可好的"赛道"上堵的车太多，一样没法保证顺利抵达目的地。地产股最吸引人的，就是它并没有那么热，偶尔里面有些泡沫，但消散得也很快。

很多人喜欢泡沫，尤其是那种快速膨胀的泡沫，很适合做投机。但对于一个做长线，而且是靠股票吃饭的投资者来说，我更喜欢地产股现在这种"干巴巴"的样子，没有水分就没有意外，可以重仓，可以高枕无忧。

地产股和任何股票放在一起，都是一个另类，虽然它被人误解的地方有太多，但这并不能改变它的光彩。看看下面这七个买地产股的理由吧。

一、越来越富裕

由于我国经济体量越来越大，GDP 的增速会逐渐变缓，但富裕的中国人仍将越来越多。大家对好房子的需求从来就没少过，只要收入还在不断增长，就还会有房地产市场的发展空间。

二、一直被低估

近十年来，地产股一直都是被市场低估的主要品种，各种误解和各种观念让地产股在大部分时间里估值偏低。其实，这正是地产股的安全所在，在估值已经处于底部的情况下，业绩的增速就是股价未来的增速，只要房企的销售还在增长，何必在意朝朝暮暮？

三、宏观调控

有些关注地产股的人，不愿意买入的重要原因，是房地产行业总是会面临各种调控。其实要是没有这些调控政策，市场早就因为过热而出大问题了，是宏观调控确保房地产能够长期稳定地发展下去。

四、集中化趋势

受核心城市的土地供应影响，商品房的销售额将出现增长缓慢直至平稳下降的态势，但龙头房企在这个过程中，却可以不断提升自己的市场份额和利润率，这一集中化趋势，可以参考白酒和家电行业的现状。

五、业绩明确

房企需要交房后才能结算利润，预售款变成营业收入一般都需要两到三年的时间。可以说，我们提前两年多就能知道该企业的未来营收和利润，这是绝大多数行业做不到的。

六、信息透明

很多企业的销售数据，都需要到季报或者中报、年报里才能找得到，而主要上市房企的销售数据，每个月都会公布，我们可以及时了解企业的收入情况，第一时间做好相应措施。

七、 股息率高

因为行业被低估，大部分地产股的股息率都比较高，高于社会无风险收益率的倍数也屡见不鲜。对投资者来说，即便股价不变，买地产股也比将钱存在银行的收益大得多。

有长期逻辑、业绩明确、价格便宜、下跌空间有限、上升空间广阔的股票，我是不会错过的。最后汇总成一句话：未来十年，买房不如买地产股，当然必须是足够优秀的地产股。

第二节　房地产行业的五浪

以史为镜，可以知兴替。我们做地产股投资，自然需要了解一些地产股的发展历史，这样在面对未来的时候，才能看清楚很多问题。地产股的历史与地产行业的发展紧密相关，但并不完全吻合，因为金融本身就是一个市场，它会围绕着行业去发展，但也会有自身的成长曲线。

从历史的角度，才能看清楚地产股的未来。过往的 30 年，我国房地产的发展可以分为前商品房时代、黄金时代和巨头时代三个部分。而贯穿其间的起伏历程，按照相关的政策指引来看，就像技术分析中的一个流派——波浪理论中所描述的，是一个完整的五浪。

第五章　地产是个好生意

一、前商品房时代

上海证券交易所创立于 1990 年 11 月 26 日，并于 1990 年 12 月 19 日开始正式营业。深圳证券交易所于 1990 年 12 月 1 日开始试营业，但由于正式营业时间是 1991 年 7 月 3 日，所以只能算作第二个证券交易市场。房地产行业的第一只股票万科 A，于 1991 年 1 月 29 日上市，那一天万科 A 的挂牌价格是每股 14.58 元，2019 年 12 月 31 日后复权的价格则达到了 4595.46 元，29 年的时间，股价上涨了 315 倍。

可当初万科股票刚刚发行的时候，时任万科董事长的王石由于无人问津，还曾经在菜市场摆摊卖过股票，如果当初有人识货投入 1 万元，现在就已经有 300 多万元在手了。20 世纪 90 年代初，深圳的普通住房大约是 2000 多元/平方米，现在均价已经突破了 60000 元/平方米，增长了 30 倍左右。当时买万科的股票，比买万科的房子多赚 10 倍。

万科不但是第一只上市的房地产股票，也是中国最早的民营上市公司之一，股票代码 000002 足以代表曾经的成就。之所以说万科是中国最早的民营上市公司之一，是因为其当初上市的时候还有"深特发"持有的 30% 国有股份，后面逐步扩股才慢慢稀释下来，刚上市的万科还不是一个真正的民企。当然，在某种程度上，万科自己也在模糊自己的身份，现在的万科已经回归了国企行列。

当时大家对房地产股票没有兴趣也是正常的，因为在那个年代，商品房极其缺少，绝大部分人都是居住在单位提供的福利性住房内，绝大部分人也根本没把房子当成一件商品。可当时的商品房虽然稀少，但炒作程度却丝毫不逊色于后来的各种"炒房团"时代。

以20世纪90年代初的最大热点海南岛为例，据《中国房地产市场年鉴（1996）》统计："1988年，海南商品房平均价格为1350元/平方米，1991年为1400元/平方米，1992年猛涨至5000元/平方米，1993年达到7500元/平方米的顶峰。短短三年，增长超过四倍。""1992年，海南全省房地产投资达87亿元，占固定资产总投资的一半，仅海口一地的房地产开发面积就达800万平方米，地价由1991年的十几万元/亩飙升至600多万元/亩；同年，海口市经济增长率达到了惊人的83%，另一个热点城市三亚也达到了73.6%，海南全省财政收入的40%来源于房地产业。"

直到1993年6月，国务院出台了"国16条"，严格控制信贷、提高贷款利率、加强行业监管力度，海南泡沫迅速破灭，剩下遍及全岛的烂尾楼，直到2005年之后另一次房地产大牛市全面开启，才逐渐解套。不仅仅是在当时刚刚成立的海南省，一线城市的房价也出现了断崖式下滑，1993年"国16条"出台后，广州的新房价格便从7568元/平方米的高位开始大幅下跌，到1994年均价下跌便超过1000元/平方米，1995年的均价已低至5277元/平方米。

在这样的背景下，不仅仅是民营地产公司无法上市，普通的国有房地产开发企业也一样有心无力。只有那些资源广泛、背景雄厚、资金充裕的大央企，才有独领风骚的能力。

1992年和1996年，中国海外发展和华润置地先后在港股上市，1996年和1997年，金融街和华侨城A先后在A股上市。从专业性和企业管理规范上，中海和华润都是各个房企的标杆，它们根植于市场经济起点更高的中国香港，同时又具备无人可及的央企背景，不管是开发能力还是资金实力，都难有企业可以与之媲美。

而金融街和华侨城A在A股率先上市，也不是偶然的。前者可以媲美纽约的华尔街，至今无人可以望其项背；后者在20多年前便开始了文旅地产的开发模式，到现在仍是中国文旅产业的领先者。

这批上市公司整体实力强大，是中国房地产开发的先驱企业，为后面的商品房时代全面到来，做出了坚实的贡献。

二、黄金时代

1998年是中国商品房历史上最重要的一年，中国真正进入了全面的商品房时代。

1997年之前，中国经济连续四年保持了两位数的GDP增速，但1998年已经降到了7.8%。1998年7月，《国务院关于进一步深化城镇住房制度改革加快住房建设的通知》出台，要求全国停止住房实物分配，逐步实行住房分配货币化，发展住房金融，培育和规范住房交易市场。之后又陆续出台了相应的金融、交易政策，真正意义上开启了中国商品房全面发展的时代。

从1998—2020年，中国的商品房销售面积从1.07亿平方米增长到17.61亿平方米，商品房销售额从0.21万亿元增长到17.36万亿元，为GDP从8.52万亿元增长到101.5万亿元，做出了巨大的贡献（见表 5-1）。

表 5-1　1998—2020 年中国商品房销售表现

时间（年）	销售面积（亿平方米）	销售额（万亿元）	销售均价（元/平方米）
1998	1.07	0.21	1963
1999	1.34	0.27	2015
2000	1.7	0.36	2118
2001	2.08	0.46	2212
2002	2.5	0.57	2280
2003	3.22	0.77	2391
2004	3.82	1.04	2723
2005	5.58	1.81	3244
2006	6.06	2.05	3383
2007	7.62	2.96	3885
2008	6.21	2.41	3881
2009	9.37	4.4	4696
2010	10.43	5.25	5034
2011	10.99	5.91	5378
2012	11.13	6.45	5795
2013	13.06	8.14	6233
2014	12.06	7.63	6327
2015	12.85	8.73	6794
2016	15.73	11.76	7476
2017	16.94	13.37	7893
2018	17.17	15	8736
2019	17.26	15.97	9253
2020	17.61	17.36	9858

当然，在商品房的发展过程中也出现了很多问题，对社会和经济体系带来了很多直接的冲击。这 20 多年里，房地产开发一直都是在支持和抑制的反复循环中呈螺旋式上升的，其过程如同波浪理论中的上升五浪。走到今天，行业增量基本已经到了瓶颈期，未来会在相当长的一段时间里保持高位震荡，最终会向商业、酒店、办公楼、文旅、养老、长租等持有型物业转化。

1. 从 1998 年货币化分房开始算，地产一浪持续到 2004 年，这是全面鼓励发展房地产行业的时期。

这期间，商品房销售面积从 1.07 亿平方米增长到 3.82 亿平方米，商品房销售额从 0.21 万亿元增长到 1.04 万亿元。这是地产黄金时代的上半场，整体是以鼓励为主，在政策和制度上提供了最好的支持，尤其是取消福利房并全面推行货币化分房和大力发展商品房按揭贷款这两件具有历史意义的大举措，既为住宅市场提供了数亿刚需人口，又在购买能力上提供了充分的保证。

短短六年的时间里，商品房销售额便完成了高达 500% 的增长，是各时期中发展最快的。这期间，在 20 世纪 90 年代初期成立的一批公司逐步成长起来，它们充分享受到了井喷式爆发的大利好，很多公司短短几年便从一个小企业变成了上市公司。

期间比较有代表性的是 A 股上市的金地集团、中国国贸、首开股份和港股上市的合生创展、首创置业等。其实，主要的上市企业还是以国企背景为主，民营地产公司规模普遍较小，合生创展能在港股上市，已经非常难得，可惜当前房企 50 强的阵营里已经看不到它了。

2. 地产二浪是 2005—2008 年，这是调控逐步升级的时期，大量民营房企纷纷上市。

这段时间，宏观政策对地产行业已经不再全力支持，而是根据过去几年快速发展所显露出的问题，开始有目的地进行规范，并逐步缩紧了银根。虽然从2005—2007年，商品房销售额从1.81万亿元增长到2.96万亿元，但在政策严控和贷款紧缩的行业背景下，又适逢2008年遭遇到的几十年一遇的全球性金融危机，2008年的商品房销售额猛降到2.41万亿元。这是中国商品房历史上最大的一次回调，标志着地产黄金时代下半场的结束。

由于宏观调控的趋紧，这段时间除了保利地产这样的纯正央企外，地产企业整体上是难以在A股上市的，大部分公司都选择了去港股上市，而且出现了以民企为主的新气象。代表性的企业有碧桂园、龙湖集团、绿城中国、中国奥园、富力地产、雅居乐集团等，这些企业现在已经是地产行业的核心力量，很多企业仍然保持着较高的增长速度和强大的增长动力。

三、巨头时代

1. 地产三浪的时间虽然很短却意义深远，那是在2009年。这一年国家全面放开各项限制，从那之后房地产就开始被妖魔化了。

中国商品房的发展历程中，从来没有一年会像2009年那样天翻地覆。在2009年初，整个地产行业都处于一个完全无助的状态。改革开放30年，虽然历经艰苦，但毕竟是一路向上，但遽然而至的全球金融危机，完全打破了我们的安全感。随后大水漫灌改变了一切，但当年的效果确实是立竿见影。短短两三个月，楼市便全面复苏。

2009年上半年买房的人，往往房子还没入住，房价就已经翻了倍。躲过一场浩劫的开发商们，也在2009年下半年进入了全面狂欢的状态。2009年，全国商品房销售额从2008年的2.41万亿元，直接提升到4.4万亿元，增长了82.57%。全国商品房平均房价也从3881元/平方米增长到4696元/平方米，增长了21%。这两个数据，均是迄今为止商品房的最大涨幅。

只是这个时候A股的政策仍然保持了高压状态，房企们只能通过港股来完成上市梦想。2009年代表性的上市房企，是中国恒大和龙湖集团这两个民营企业。应该说，2009年一季度的严冬，标志着中国商品房黄金时代的全面结束，而从二季度开始的触底反弹，也标志着白银时代仍然是一个壮观的财富之路，只不过不再是所有人都能享受到这个红利，只有信仰坚定的人才能牢牢把握。

2. 地产四浪从2010年持续到2015年，限贷、限价、限购，如鲧治水，积蓄的房价自2016年开始全国泛滥。

2009年的巨大流动性，不仅仅解救了开发商，以最短时间内稳定了经济形势，也直接带来了全面的资产泡沫。从2010年初开始，各地便纷纷收回了2009年放开的信贷政策，陆续推出了一系列限制购房的举措。增加贷款利率没效果，那就提高首付，甚至干脆就取消一些人的购房资格，直接限购。严控之下，六年时间，全国商品房销售额仅从5.25万亿元增长到8.73万亿元，年均增长率不足9%，被同期的M2（广义货币）增速远远甩到了身后。

但这一阶段，A股的上市政策略有宽松，虽然开发商还是不能直接IPO，但可以借壳上市。华夏幸福、金科股份、新城控股都抓住了机会,但更多的房企仍然只能到港股寻求融资,代表性的是融创中国、时代中国控股、旭辉控股集团等。这一阶段,国有地产公司普遍进入战略观望状态,被严格限制的负债率削弱了它们的天赋,地产开发市场和资本市场上活跃的身影都属于民营企业。

3. 地产五浪从2016年持续到现在,房价全面补回之前几年的涨幅,并形成惯性上涨,当下正处在五浪后期。

属于市场的只能属于市场,事实证明中国的房价并不是炒房客炒出来的,而是越来越富裕的国人对美好生活的向往作为核心动力,一步一个脚印稳定提升上来的。2015年开始,各地陆续出台鼓励购房的政策,很多地方明确解除了限购令,这导致被抑制了六年的购买需求集中爆发,部分城市的房价几个月便出现了翻倍。从2016—2018年,全国商品房销售额从11.76万亿元增长到了15万亿元。

与地产黄金时代不同的是,当今中国核心城市的房价已经在世界范围内处于较高的位置了,甚至已经超过了东京、首尔等核心城市。房价高到一定程度后,本身就形成了强大阻力,对习惯了快速发展的城市来说,这种硬性成本是无法忽视的。

从2016年下半年开始,各地的限制购房政策又不断出台,与几年前不同的是,市场上的刚需客群随着房价的高企已经大幅缩减,而改善型客户群体却在不断增长。

在销售额整体增速越来越慢,甚至有可能会在几年之后出现负增长的背景下,市场的龙头企业却持续保持了较高的增长速度。直至2019年,前100强的房企已经占据了全国70%的市场份额,这个比例还会继续高下去。

由于市场集约化越来越强,已经没有全新的房企能够跻身百强榜单,这一阶段的新上市房企凤毛麟角,代表性的是2018年上市的美的置业。但各家房企旗下的物业公司却受到了市场的广泛追捧,过去几年已经有碧桂园服务、中海物业、绿城服务、新城悦服务等多家物业公司上市,且在估值方面得到了全面提升。

从1998年算起,地产行业历经了黄金时代、白银时代和青铜时代。

黄金时代(1998—2007年):每年都是好年景,拿到地就是打开聚宝盆。

白银时代(2008—2017年):只要你熬得住苦日子,一年半载就能赚回所有梦想。

青铜时代(2018年至今):每天都是仅限温饱的日子,只有那些大恐龙或者迅如闪电的猎豹,才能充分享受丰美的食物。

这个市场已经进入存量时代,未来很难再有新增的大型上市房企出现,市场的主题是大鱼吃大鱼。可以预见几年之内,上市公司之间的项目收购和股权交易会越来越多,巨鳄之间的竞争大戏已经全面拉开了序幕。

第三节 地产行业中的价格误区

大家对房地产的认识,首当其冲的就是房价了。不管是居住还是投资地产股,市场的景气状态都是和房价直接相关的。关于房价,市场上有种种误区,其实国内关于房屋的相关税费和国外有很大区别,简单的横向对比并不能看出来房价的真相。

中国的土地资源,尤其是核心城市的土地资源,相对世界第一人口大国来说，稀缺性也是非常明显的，未来随着我国国力的蒸蒸日上，越来越富裕的国人也将面临越来越高的居住需求。因此，对房价我们需要有一个客观的认识。

一、 房价收入比的真相

"如果你不愿意持有十年，就不要拥有一分钟。"这是巴菲特的名言，也是很多价值投资者的座右铭，但落到地产股上，就变成了很多人避而不谈的禁区。

因为大多数做地产股的人，看中的只是2016年到2018年上半年的那段热销期，那就像一张即将兑现的巨额汇票（利润主要在2019年的年报中体现），大家都想在兑现时拥有它，但之后就会翻脸。

在很多人的眼里，地产没有未来，这种腔调已经持续了十多年，且愈演愈烈。究其根源，在于太多人认为现在的房价过高，按照房价收入比来算，如此高的房价根本无法长期支撑，完全是炒作的结果，很快就会破灭。

对于想长期持有地产股的人来说，"房价收入比"这几个字是其必须要面对的，不能从心底深处真正理解这个概念对地产的影响，就无法深入理解地产股。

从表5-2中可以非常明显地看出，北京不但领先美国、澳大利亚、加拿大、新西兰等国家的大城市数据，而且比一贯以房价高企著称的香港还要高出14.35%。虽然上表中的城市，除了北京外，其他城市都有房地产税、物业费和房屋维修费也高很多，但这些城市的购房贷款利率普遍在2%~3%，所以房价收入比还是能体现各城市之间的购房压力的。

表5-2 世界各大城市房价收入比

序号	国家	城市	房价收入比（倍数）
1	中国	北京	23.9
2	中国	香港	20.9
3	美国	纽约	5.5
4	美国	洛杉矶	9.2
5	加拿大	温哥华	12.6
6	澳大利亚	悉尼	11.7
7	新西兰	奥克兰	9

从表5-3中可以看出，全国二线以上城市的房价收入比大部分是超过十倍的。而且总体来说，越发达的城市，其房价收入比就越高。看起来，房价收入比似乎成了城市发达与否的一个标志，这和国外城市形成了鲜明对比。

表5-3 全国主要城市房价收入比

城市	房价收入比	城市	房价收入比	城市	房价收入比
深圳	35.2	宁波	13.2	哈尔滨	10.1
三亚	27.6	南通	13.1	无锡	10.1
上海	25.1	郑州	12.9	昆明	10.1
北京	23.9	南宁	12.8	金华	10.1
厦门	22.8	扬州	12.2	成都	10.0
福州	19.9	芜湖	12.2	兰州	9.7
杭州	17.7	温州	12.2	青岛	9.7
珠海	16.7	大连	12.1	宜昌	9.2
广州	16.5	佛山	11.8	惠州	9.1

（续）

城市	房价收入比	城市	房价收入比	城市	房价收入比
石家庄	16.0	莆田	11.7	洛阳	8.9
南京	15.4	武汉	11.3	沈阳	8.7
东莞	15.0	济南	11.0	贵阳	8.2
苏州	15.0	南昌	10.9	烟台	7.7
太原	14.1	徐州	10.8	韶关	7.7
海口	14.0	西安	10.6	乌鲁木齐	7.4
合肥	13.7	日照	10.5	长沙	6.4
天津	13.5	重庆	10.1		

从全国整体情况来看，我们能够清晰地看到，近期房价收入比的大幅上升就是从 2015 年开始的，那一年股市下跌，楼市上涨（见图 5-1）。

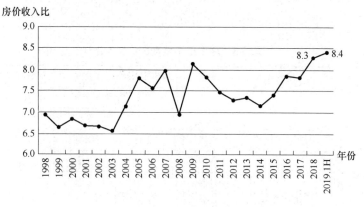

图 5-1　全国商品住宅房价收入比走势图

面对数据，我们需要实事求是地承认，大部分核心城市的房价收入比确实是偏高的，普通市民想要在一二线城市购房，尤其

第五章 地产是个好生意

是优质房产，压力还是相当大的，高房价某种程度上抑制了人口的流动，也直接增加了企业的生产成本。

但是，压力归压力，合理归合理，正常归正常。

但是，中国核心城市的房价大大高出居民购买能力，这已经是一种常态。这种现象是有足够支持的，是会长期存在的，是短期内不以人的意志为转移的。这种常态，才是我们长期持有地产股的根源所在。

细分一下，我们会对中国高高在上的房价收入比的形成，有更清晰的认识。

1. 中国经济的长期快速发展，让购房者有了足够坚定的买入信心，敢于承担压力和风险。

过去40年的中国经济，是一个奇迹式的增长过程。这就像一个持续了40年的大牛市，无数人在其中发家致富，市场长期积累的信心，已经成了人们敢于买入的重要支持因素，何况在我们看得到的未来，大牛市仍然保持着傲人的增速在前行。

我从事房地产工作20多年，期间有很多同事也炒股，但这些人中买地产股的并不多。原因很简单，大家都看好地产的时候，首选还是买房子。以万科A为例，自2009年11月到2019年11月，股价涨了2.2倍，和同期北京的房价增幅相差不多（股息与房租相抵），但买房人是有三倍杠杆的，减去按揭利息等各项费用，比买万科A还是能高出一倍多的收益。

其他地区的房价增幅不会都像北京这么高，但绝大多数二线以上城市的购房者，跑赢万科A的股价还是能做到的。事实上，A股大部分地产公司过去十年的股价增幅都远不如万科A。

2. 顶级城市集中了全国顶级的资源，其城市发展的绝对高度,已经可以与世界一流城市看齐。

北京、上海、深圳的房价为什么一直处在全国最高的位置上?因为这些城市集中了全国最优质的资源。以北京为例,全国最好的大学、最好的中学、最好的小学、最好的医院、最好的图书馆、最好的音乐厅、最好的体育场都在这里。如果说整个中国还是一个发展中国家,与发达国家在整体上而言差距还很明显的话,北京、上海这样的城市现在已经跻身世界一流城市之列了,从硬件到软件都毫不逊色。

美国的社会资源分配更加均衡,比如常青藤八大名校就分布在七个不同的地方。而我国的优质资源城市布局中,一线城市与二线、三四线城市之间的差距巨大。

据 GaWC 公布的 2019 年的最新世界城市排名,一档一线城市只有两个,一个是纽约,另一个是伦敦。而一档二线城市中,北京、上海便位列其中,与新加坡、悉尼、巴黎、迪拜、东京齐名,比洛杉矶、首尔、米兰高出一个档次,这就是中国顶级城市的价值所在。

3. 过于集中的核心资源,导致全国性顶级消费力集中购买。

对于世界顶级的资源,一方面它自身的光彩照人具有绝对诱惑力,另一方面在它的光芒下,其他城市也显得格外苍白无力,数十年来一直强烈吸引着各地的人才。

据瑞士信贷公布的年度财富报告显示,2019 年中国能够排进世界前 10% 财富(门槛为 10.94 万美元)的人口,已经达到 1 亿人,首次超过美国的 9900 万人,成为世界上有钱人最多的国家,1 亿有钱人支撑起 30 个主要城市的高端房产还是能做到的。

核心城市强大的虹吸作用,让很多地区充满了"失血"过多的危险。从长期来看，随着整体收入的提升，三四线城市当前的高房价也是有机会慢慢化解的，但十年内都很难跑赢通货膨胀。

高房价收入比并不一定就意味着风险，但高房价收入比的三四线城市，大部分都已经身处危机之中了。在此处投资，不管是买房人还是开发商，都要有足够的危机意识。

4. 传统价值观塑造了超强的储蓄能力，实际购买力远被低估。

中华文明是一个沿袭了几千年的不间断文明，与早已经失传的古希腊、古埃及、古印度等文明体系相比，不仅仅在广度、深度和持续性上具有优势，更在实用性上独领风骚。即便是一个没读过多少书的人，也能够脱口而出很多带有浓郁传统文化的词汇，比如"勤俭持家""居安思危""安居乐业"等。

以"勤俭持家"为例，欧美人善于赚钱，但消费高，消费习惯更是大手大脚，经常寅吃卯粮。中国人不但甘于节俭，而且喜欢赚钱，那种拼命赚钱却又拼命省钱的风格，在我们身边屡见不鲜。加上中国的物价整体上来说还是明显低于发达国家的，所以中国的储蓄率（2018年）是45.7%，美国仅有17.3%。在牺牲了很多消费之后，中国人买房时的支付能力与美国人相比，并不像房价收入比看起来差距那么大。

所以我们看实际购房能力的时候，不能简单看一个人赚了多少钱，更要看他平时能省下多少钱，这才是有效购买力。美国现在的自有住房率是64%，德国是45%，与中国比都是偏低的，这除了当地的人口流动更加便利和有鼓励租房的政策、法律外，与欧美发达国家普遍较低的储蓄率有直接关系。而中国的自有住房率为89%，远远高于欧美发达国家。

以上分析，提到了我国地产行业的很多特殊性，正是这些特殊性才让高高在上的房价一直保持了坚挺，实际上虽然现在的经济增速已经逐步放缓，但只要这些特殊性依旧存在，房价就很难不涨。要降低房价收入比，更现实的是大力发展经济并加大GDP中劳动者收入的分配比例，尽快提升居民收入。

对于投资者来说，如果把城市看成一个上市公司。一个城市的房价就像这个城市的股价，而房价收入比就如同这个城市的市盈率。美国人现在享受着低市盈率，但是他们拿的是大蓝筹，确定性好但成长性已经不足；中国人在忍受着高市盈率，估值高但成长性好。而且过往业绩增速一直出色，成交量也要大很多。

价值股和成长股，这就是现在美国楼市和中国楼市的区别。房价收入比是个不能回避的指标，但对购房者来说，这不是一个绝对的评判标准，买价值股有买价值股的好处，买成长股也有买成长股的好处，毕竟过去20年买房的人都赚到钱了。

虽然现在房价高是一种必然的结果，但研究原因不是最重要的，重要的是应对策略。如何在解决民生问题的前提下，把市场还给市场，这才是研究房价的意义所在。

二、中国的房屋租售比怎样与国际接轨

纽约、巴黎等国际一线城市的租售比在3%~5%，而北上广深的租售比在2%~2.5%，相差很大。很多人会从自己的经验出发，怀疑一线城市的租售比是不是不足2%，实际上在计算租售比的时候，大家往往对房价这个分母过高估计，很多二手房现在

实际成交的时候，往往要打九折甚至更多才能出手。另外，小产权、城中村、商住公寓、经济适用房、老公房等这些房价很低、租金略低的房源，都是租售比超高的，大幅度提升了该城市的实际租售比。

租售比实际上是两个问题的集合，一是房价高不高？二是租金低不低？所以，用租售比的问题来说明国内的房价高是可以的，但反过来也可以说，国内一线城市的租金要比国际一线城市低得多。

关于第一个问题，房价高不高？这里我只说最直接的因素：在一个靠限购才能让房价增长放缓的地方，却总有人幻想着房价崩盘，这原本就很荒唐。

房价高不高？高，但和老百姓的收入增长来看，房价的增速并不过分。1998年，全国城镇居民人均可支配收入是5425元，2018年是39251元，增长7.2倍。1998年，全国商品房均价为2063元/平方米，住宅为1854元/平方米；2018年，全国商品房均价为8736元/平方米，住宅为8544元/平方米，分别增长4.2倍和4.6倍。

老百姓收入的增速超过房价增速70%多，这就是国力发展的成果。何况商品房全面发展的21年来，人均居住面积增长了1倍多，与1978年相比增长了接近10倍，这是对住房改革政策最好的肯定。所以，高房价并不可怕，可怕的是收入不涨，尤其是自己的收入不涨。对于年轻人来说，期望房价和房租下降，远不如期望自己的收入上升更现实一些。

至于租金，一方面中国的物价整体上是低于发达国家的，租金也相对较低；另一方面国外绝大部分发达国家都是有物业税的，而且物业管理费也比我们高很多，租客交付的租金中差不多有 1/3 是不属于房主的，实际的租售比并没有看上去那么大。

与股票相似，整个社会的资源都在日趋头部化，一二线核心城市房租上涨的确定性毋庸置疑，未来只要房价的增速低于租金的增速，租售比就会越来越高。现在北上深的护城河就是高房价、高房租，如果北京房价为 2 万元/平方米，一居室的租金为 2000 元/月，当前的北京恐怕就会有 5000 万人了。医院、地铁、学校早就人满为患。

以当前情况来说，房价短期内不涨，北上深三年左右租售比就能涨到 3% 以上。都在谈租售比，房租涨得快对老百姓来说是好事吗？此消彼长，租售比与国际接轨是大趋势，但真不是靠降房价降下来的。

第四节 房企的五大类型

我国每年商品房的销售额有十几万亿元之多，这些都是由相应的房地产开发商来完成的。国内的开发企业多的时候有数万家，但发展到现在主流的房企已经不足千家，销售规模排名前 100 位的房企，在总的市场份额中已经占据了 70% 之多。

如果说 1998—2010 年是百花齐放的年代，各路资金都在竞相进入开发市场，那么 2011—2019 年就是大鱼吃小鱼的时代，地方性小开发商正在成批次退出市场。而 2020 年开始，我们正迎来大鱼吃大鱼的时代，龙头房企的市场位置不但得到进一步巩固，而且已经开始蚕食百强以内房企的市场份额了。

各种类型的房企，让市场呈现出多样化的特点，它们既有一定的共性，又各有各的特点。我们既要关心房企的现在，又要着眼于它们未来的发展趋势，这样才能看清楚其长期价值。

当前的房企可以分成五大类型，每种类型由于出身不同、能力不同，体现出来的投资价值会有天壤之别。不管什么时候，地产都是良莠不齐的行业，投资地产股一定要看清楚它到底现处于什么状态，它真正的经营风格究竟是什么样子的。

一、休养生息型

2015年是房企的分水岭，2014年底各地政策陆续开始松动的时候，很多房企还没有从持续近五年的风声鹤唳中缓过神来，一些先知先觉者就已经迅速完成了高负债的过程，并大举购地。之后仅仅用了三四年的时间，它们便颠覆了传统的房企格局，占据了市场的主控地位。

虽然这种高歌猛进带来了巨额的利润，但企业在短时间内扩张得如此之快，使很多管理问题不断浮出水面。从2018年开始，各地的施工事故和工程质量问题屡被曝光，很多不是来自地方性小房企，而是源自一些大名鼎鼎的龙头房企，不管从行业监管还是企业自身的角度，都需要一定程度的休养生息了。

我们在2019年就看到了一批房企明显放缓了前进的脚步，但这并不意味着它们真的已经开始安于现状了，只不过有些内功需要练得更加扎实一些。假以时日，等工程、人力等管理问题得到缓和，负债上更加健康之后，这些企业再次恢复速度优势的时候，其他房企的竞争压力将是空前的。

二、稳如泰山型

这类企业的先天优势非常明显，属于绝对的天赋过人。即便地产行业受制于人口红利下降和供应用地减少等多重压力，它们仍然能保持着高利润率和充裕的现金流。

它们普遍拥有负债成本较低的优势，但可惜的是，不管是从监管角度，还是企业自身属性决定的，它们的负债天花板是各房企阵营中最低的。这些企业中有着很多优秀的领导者，但在市场最需要爆发力的时候，这些领导者多少还是有些孤掌难鸣，无法改变企业一贯的风格。

他们能做的就是在第一批先锋队冲锋过后，行业的风向标已经彻底反转之际，利用自己的傲人天赋奋起直追，争取后来居上。但随着地产行业的景气周期逐步缩短，这种努力有时候经常会因为时间的原因半途而废。

但天赋就是天赋，即便地产行业走过了所有的辉煌，开始脱离舞台中心的时候，这类企业依然能稳如泰山。

三、拔苗助长型

受制于企业的规模情况，或者是领导者的判断原因，在市场底部形成的时候，这类房企变得非常悲观，但当市场已经完全好转，到处都是一片高歌猛进的时候，它们一方面看到了爆发的希望，另一方面也慑于龙头房企们的竞争压力，和金融机构只喜欢锦上添花的一贯作风，便开始大肆进攻，甚至会不惜代价。

这种逆势狂飙，有时候确实能改变一个企业的命运，但更多的是给一个企业带来了沉重的负债压力，或者是后期的资金压力。

负债是把双刃剑，市场好的时候它是利器，市场低迷的时候它就是凶器。由于起跑滞后，这些企业真正的好日子差不多只有一两年，但当后期高价买回的土地遇到了限价，高息借来的资金难以借旧换新时，前面的高歌猛进就成了拔苗助长。

四、激流勇进型

此类企业和拔苗助长型企业看起来有些相似，都是持续保持了较高的增长速度，在短期内导致负债率迅速上升。但不同的是，它们的高速扩张往往是从一个成功复制到另一个成功，或者依靠优秀的管理能力，或者是凭借自身强大的独有优势，能让此类企业把拔苗助长变成激流勇进。

别人跑步的时候，它们也在跑步；别人休息的时候，它们还在跑步。它们的很多行动看起来似乎是在犯错误，而且前面已经有很多企业做出了负面表率，但事在人为，它们真的做到了。

浴火重生，不死即是凤凰，这样的企业是难得的，它们拥有优秀的管理层，强大的执行能力，卓越的学习和自我进化能力。很多时候，它们会希望激流来得更加猛烈一些，这样那些在顺风顺水的时候无法打败的对手，就会主动把武器交出来。

五、金蝉脱壳型

在越来越残酷的市场竞争中，并不是每一个企业都想继续在这个圈子里活下去。很多已经失去土地又没有更多资金来源的房企，早已经看清楚了自己的未来。它们不会等到弹尽粮绝的时候才去想未来的日子，毕竟在世界上最容易赚钱的行业里摸爬滚打多年，攒下的家底还是能够给自己留下一份希望。

多元化就成了一个宿命般的命题，不管是和土地相关的酒店、商场、文旅、养老，还是跨度更大的科技、电子、文化、农业，我们都能看到房企资金的痕迹。这样撤出也没有关系，毕竟现在百强房企已经占据了70%的市场份额，甚至很多现在仍名列排行榜上的企业，也会在几年之内离开我们的视线。但好聚好散，毕竟也是曾经辉煌过，怎么也要留下一个光辉形象给这个世界，可总有些企业晚节不保，在撤离的时候留下了一地鸡毛。

以上五种类型的房企，金蝉脱壳型是比较容易辨别的，看看它们手中的土地储备就能判断出它们的未来。休养生息型和稳如泰山型有时候看起来会比较相似，但几年之后它们走的路会大相径庭。

最容易混淆的是拔苗助长型和激流勇进型，它们看起来短期数据都不错，但前者的销售数据是隐藏了大量负债，是用杠杆撬起来的，后期在遇到调整年的时候很多问题就会全面爆发。这种拔苗助长般的发展模式，是投资者的大忌，一定要看清楚，宁可错过，绝不能做错。

第五节　欲做地产股先避雷

一、戒赌

我看过很多人单仓上杠杆，经常会取得让人侧目的收益率。

但行情不景气的时候，他们的亏损也是触目惊心的。下跌50%，就需要用上涨100%来回本。今年很多高收益的投资者，实际上都是去年亏损较多的人。他们从年初开始就被动满仓，这才有了上半年的火爆业绩，但要和2018年合并计算，很多人的收益都跑不赢银行的理财产品。

投资首先要"戒赌"，严肃的投资者追求的是长期的确定性收益，而不是短期的业绩曲线。不思进先思退，投资的第一要诀就是不赔钱。如果一个人连续9年的复合收益率为20%（非常优秀，超过95%的私募基金经理了），他第10年踩雷亏掉了50%，就意味着他的10年复合回报率变成了10%（仅仅比通货膨胀高2个点）。

单仓无异于孤注一掷，我自己的单只股票，一般都不会超过20%的仓位，估值非常低的情况下（2018年底的时候）也不会超过25%，只有极端的情况下会保持不高于30%的仓位。一般来说，我的持仓股票基本都保持在10只左右，这是我多年严守的纪律。

在可选标的不多的情况下，这种组合收益会受到很大影响，如果不是有2018年底那种巨大的估值诱惑让我主动入套，我赚到手的钱很少会出现大幅回撤。赚钱不怕慢，就怕急。巴菲特50年的复合收益率为20%，但他只有两年是负增长的，最大的回撤不过是2008年的-9.6%，这才是赚钱的根本。

二、道德洁癖

我们对上市公司的了解，除了一部分能直接接触到它的产品外，绝大多数都来自于年报。年报是什么？是上市公司想让你看到的那部分内容，那往往不是上市公司全部的真实体现。而对上市公司实际控制人，我们了解得就更少了。对上市公司，一定要有道德洁癖，没发现问题的要始终怀疑，发现一点问题的就坚决排除。

三、企业背景

很多人对一些企业的背景抱有偏见，确实有些民企的负债率偏高，而有些国企的发展速度相对缓慢。关于房企负债（主要是民企），我们单独成篇再详细分析。而现在的很多国企也有很多自身的优势。比如，国企的一大优势就是作假动力不足，相对而言"暴雷"的可能性比私企减少很多。在过去的 20 多年时间里，我们看到的很多明星企业如格力、茅台、五粮液、招商银行等都是国企，现在万科也由私转公了。随着国企混改的推进，很多国企的活力也会越来越强，大家可以仔细观察。

四、相信常识

幸福的生活都是相似的，不幸的生活却各有各的不幸。这话用到股市里一样适用：赚钱的原因都是相似的（赶上了牛市或阶段牛市），不赚钱的原因却各有各的不同，但这许许多多的不同里，又有一个明显的共同点，就是不相信常识。

我们相信火是热的，雪是冷的，相信饿了就要吃饭，渴了就要喝水。但很多时候饭是一口一口吃的，却总有人想几个交易日就实现财务自由（经常提起这四个字的人，大多数都在亏钱）；知道被爆炒的股票早就脱离了实际价值，却总以为自己不会是最后接盘的那位；知道乐视网已经是个空壳，却仍然能在两周时间里把它炒高一倍。

做投资的都是聪明人，常识自然不会缺乏，但往往利令智昏，在关键的时候，很多人都忘了该去"相信"什么。我所学甚杂，有一阵子也沉浸在一些大部头的经典中，学的痛苦但学完了也不知道有什么用处。现在经常应用的，竟然大部分都是中学时所学的那些基础的定理和知识，比如在对行情趋势的分析上，就经常发现牛顿力学的痕迹。

世界本不复杂，带着常识，牢记信念，出发吧。

第六节 逆周期的产品力

一、产品力的进化

过去 20 多年，地产开发企业之间的竞争，可以用跑马圈地来形容，而竞争的核心是资金能力，近年来更演变成了负债能力。目前，"大鱼吃小鱼"正升级到"大鱼吃大鱼"的阶段，市场上剩余的企业各有优势，在负债能力上普遍达到了一定的水准。

随着主要城市的土地资源日渐稀缺，改善型客户取代刚需客户成为市场主流，不管在勾地阶段还是后期的销售阶段，产品力已经成为越来越重要的核心竞争因素，并正在成为房企未来竞争中的生命线。

从 1998 年全面推行商品房以来，22 年时间，大部分时候市场的购买主力都是刚需客户，首次置业是主流。一直到 2017 年，全国各主要城市陆续完成了房价的大跃进，购买群体开始偏向于改善型客户，开发商原有的产品体系，很多已经不能满足客户对美好生活的向往了。

现在国内的一些城市里，20 世纪 80 年代及以前的住房已经越来越少，那些福利房年代的住宅，从户型到立面，从小区环境到物业管理，基本都可以用粗糙二字来形容。这也可以理解，那些房子被建造的时候，都是按照宿舍楼的标准来执行的，当时的住房资源比较紧张，很多城市人均建筑面积只有几平方米的样子，有的住就不错了，谁也不会太挑剔。

20 世纪 90 年代的住宅处于过渡阶段，户型和建材都明显得到升级，部分地区已经开始出现了封闭小区和物业管理。总体来说，建筑规模比较偏两极，一种是动辄数万套住宅的大型安居工程，外表看着不错，但内部的细节处理仍离不开粗糙二字；另一种是核心区域中的封闭小区，户型大都大而无当，由于规模普遍较小导致园林和内部设施聊胜于无，但总算给一部分先富起来的人提供了较为舒适的住所，做到了初级市场细分。

这些 90 年代的住宅现在仍广泛存在，安居工程由于居住密度较高，看起来一片兴旺，但交通、医疗、教育等配套问题均很突出，很多人住进来后的最大梦想，就是赶快搬离这里。而当初的那些精品小区，很多也由于户型较差、没有园林景观、物业管理水准不高等原因，慢慢退出了高端消费者的选择菜单。但这些小区由于位置普遍较好，城市配套资源相对比较丰富，尤其是很多小区都是学区房，在二手房市场中还是受到了一定的追捧，只

第五章 地产是个好生意

是房价与附近2000年之后建成的小区相比，就存在一个明显的价格断层了。

2000年之后，尤其是2003年之后，万科、中海等著名开发商在全国范围内迅速扩展业务，住宅开始有了品牌的概念。那个时候，港资背景的房企，凭借强大的资金优势，经常活跃于一二线城市的核心地段。但港资房企基本都有一个问题，就是保持了高度的中央集权，城市公司的自主权非常小。我曾经服务过一个著名的香港地产公司，某年8月初提交了一个中秋节的促销活动计划，活动时间大约是9月中旬，直到10月中旬方案才批下来。而这笔费用到账了，还必须得花出去。

当时国内的房企也正处于快速发展阶段，封闭小区、物业管理已经成了标配，有些大型社区还建设了会所、水景等设施，让住惯了"水泥森林"的老百姓们顿觉心旷神怡。贯穿整个21世纪00年代的，是房企们挖空心思地节约、省成本。

2010年开始，随着房价的不断拔高，普通住宅、高档住宅、豪宅、奢侈住宅的界限越来越分明，各种新的建筑材质和科技应用不断出现在新开发的住宅上。此时全国性开发商成为市场主流，其资金能力和施工管理能力，使其可以同期开发更大规模的居住区。在城市近郊或者市区旧厂改造等地块，建设百万甚至千万平方米级别的大型居住区，成了房企们最喜欢的开发模式。

如此大规模的居住区，已经不仅仅是居住的概念，学校、商场、医院等城市配套成了标配，有些高端社区还引进了酒店、写字楼、剧院等文化、商务设施，形成了城市副中心的概念。"开放社区、封闭组团"，人车分流等概念被广泛应用，各种特色的植被和五花八门的石材，让一栋栋建筑有了不同的气质和形象。

随着业主们的收入越来越多，对居家服务的要求也越来越高，并愿意为此支付更多的费用。物业管理服务在这个阶段得到了快速发展，从十几年前每月每平方米几毛钱的物业管理费，已经普遍涨到了几块钱，其增长幅度一点都不比房价小。

二、产品力的分化

产品的外在变化，体现的是房企们对市场的理解，而这种理解的根源还是在消费者的居住认识和支付能力上。

20世纪八九十年代，市场上充斥的都是企业的福利分房。在那个人均居住面积只有几平方米的年代，各项成本都是压的越低越好，能有个遮风避雨的地方就不错了，没人会挑剔太多。负责工程的单位，也基本不是很正规，找一些乡亲临时凑个队伍。后来很多在地产行业叱咤风云的大老板，都出自当年这些不起眼的小工长。

这个时候的房企，要么是原来的城市住宅开发公司转型，要么是原来的工长升级，都是建筑经验远多于设计经验。在住房开始逐步脱离计划经济，与市场全面接轨后，简单的钢筋混凝土住房已经不能满足销售的需求了。由于大家的经验都不多，在开发新地块时，往往需要找设计院进行全方位的设计。从户型到立面，从楼体摆放到道路组织，早期的房企在一个个项目中不断摸索，通过大量开发了解客户的需求，并逐渐树立了自己的口碑。

到21世纪00年代中期的时候，一些房企的实力已经得到壮大，开始设立自己的集团设计院，并通过长期的市场积累，针对不同的城市情况和购买客群，建立了自己的产品体系。产品体系的优点是在设计、建材、施工等必需程序上，最大程度缩减筹备时间，并可以进行大规模材料采购，确保项目在最短的时间内实现全国统一品质。

之后随着开发经验越来越丰富，一些全国性大房企开始全面推行标准化，这不仅极大程度地节省了建造成本，更是房企资金快速周转的充分条件。原来企业拿到一块地，从前期设计到施工再到开盘销售，往往需要经过一年甚至更长的时间，但标准化、模块化的系列性产品在得到充分理解和严格执行后，房企从拿地到开工的时间越来越短。8个月、6个月，后来有些项目甚至做到了从拿地到销售只需要3个多月的时间，这种速度如果没有高度标准化的产品指引，是根本无法做到的。

但由此带来的问题也逐步体现出来，由于过分追求标准化和开盘速度，很多房企的项目不断出现质量问题，有些甚至出现了重大人身伤亡事故。即便一些施工过程中没有出现事故的项目，交房后的质量问题也是频频出现。特别是一些精装修的项目，问题都出在表面上，比毛坯交房那些藏在隐蔽工程里的纰漏更容易让购房者察觉。

发展到21世纪10年代，"时间就是金钱"的观念已经在房企的管理思维中根深蒂固，加之在2010—2015年这段时间，市场形势普遍不好，各地的楼盘纷纷降价，而当初房企的拿地成本很多都是偏高的，这就导致后期的施工材料和工艺很多都达不到当初的设计标准，交房后出现质量问题就比较普遍了。

也有一些房企走的是另外一条路线，就是坚持精品概念，并在后期施工中严格执行。这些房企的口碑都是不错的，但由于设计和施工的周期太长，资金的有效周转速度受到很大影响。

快周转模式房企的一笔钱已经滚动出了三个项目，有些房企却连两个项目都没做完。这种模式建造出来的项目往往都是精品，但这些房企在 2015 年开始的高周转浪潮中，大部分都被快速部队甩下了，失去了房企体量增长最快的历史性机遇。

近几年，一方面是前期高周转的开发模式出现了很多问题，对越来越注重品牌形象的头部房企来说，直接影响了自己的声誉。另一方面，随着调控的深入，土地和资金的获取难度越来越大，房企发展的整体增速已经明显下降，高周转的需求也就没那么迫切了。

目前，一些房企已经适度调整了自己的开发节奏，并把原来的适应客户需求提升到引领客户需求。在很多住宅里，新的设计理念、新的建筑材质和科技应用不断得到体现，有时候看到一个楼盘的时候，人们甚至会忘掉那句著名的"地段、地段还是地段"，好产品真的会让人对地段价值有一个全新的认识。

在人们经常消费的高价商品中，有两种重要商品在过去几年里出现了天翻地覆的变化，这就是电视和手机。从 20 世纪 80 年代到 21 世纪 00 年代，电视机一直是家里的主要电器，但进入液晶时代后，电视机从造型到功能的变化越来越少。现在很多家庭的开机率大为下降，这固然是受到了电脑、平板电脑和手机的严重冲击，但电视机厂家在产品端的缓慢升级也是重要原因。

手机就不一样了，如今很少有人是因为原来的手机无法使用，才会去换新机的。每隔一两年，我们就会看到新的科技和服务出现在越来越精致的手机上。新造型和新功能，不断让我们觉得自己手里的老产品又简陋又笨拙。数千元换个电视或者换个电脑，很多人都不舍得，但一两年换个手机却并不让很多人觉得奢侈。

原来，需求是可以创造的！满足客户的需求，那是产品时代要做的事，对越来越有钱的国人来说，更需要有人提供出新的设计、新的质感、新的服务，来让他们"对美好生活的向往"不断得到满足。这种满足，有时候甚至是他们原来没有意识到的，就像十几年前我们以为一部诺基亚就已经是手机的巅峰了，但很快我们就看到了iPhone。

当前的房企，放慢速度并不意味着竞争在弱化，有远见的优秀企业，正在全面展开产品力的升级运动。当刚需客户正在被高企的房价推向保障住房的时候，改善型客户将是未来的市场主流。谁能满足这部分拥有丰富居住经验的客户不断提升的需求，谁能让这部分客户被动产生新的购买需求，谁就会在"大鱼吃大鱼"的时代里取得先手。

产品的时代正在过去，未来是作品的时代。有作品的企业，在拿地、利润、销售进度上的优势将越来越大，也值得市场给予其更多的估值溢价。

三、好房子永远被需要

很多研究者，甚至包括很多知名的经济学者，对地产行业的理解都是始于数据，终于学问。这直接导致众多理论模型在中国经济的预测上屡测屡败，却每每都把错判归咎于某种利益的扭曲。而对绝大多数购房者而言，房子不是数据上的冷与热，而是一个世界，一种命运，一个根。

"对美好生活的向往"，这个定义是高屋建瓴的，就像我们对阳光、对美食、对运动、对自由的呼吸充满了憧憬。什么也阻挡不了人们对幸福的向往，在饮食、衣着、出行都不是问题的今天，"住得好"就是最大的幸福。现在的年轻人买一套好房子，不仅仅代表着一个小家庭幸福生活的开启，其身后是沉积了上百年历经艰苦磨难的祖祖辈辈的期望和梦想。

从农村进入城市，从小城市进入省城，再进入一线大都市，每一步都是一种象征，是几代人努力的结果，也是为了自己子女的未来，心甘情愿的奉献。

房地产开发肯定已经进入了增速下滑的阶段，不远的将来也将迎来数量下滑的过程，但这种下滑不是因为所谓的"过热"，而是城市的容量越来越有限。换句话说，让地产开发难以持续保持增长的核心因素，不是需求端，而是供给端，城市的负荷严重超载导致无法再吸纳更多的市民，这才是根源。如果真是因为需求端导致的下滑，那我们就不会看到街头巷尾有那么多的地产中介门店，占据了城市里最好的街铺，而且越开越多。

地越来越少，老百姓的收入越来越高，房价的上涨是无法阻挡的，这是一个基本逻辑。

四、 标准化与人文化

万科是老牌行业领袖，融创中国是近几年的新贵，两者目前分别处于地产行业规模上的第三名和第四名，经常被放在一起比较。万科早期是很重视产品设计的，很多突破性的产品都是从万科原创或者是被万科推广开来的。产品系列的盛行，也是各开发商学习万科的结果，现在已经是整个行业的标准开发模式了。

第五章　地产是个好生意

随着对资金周转的逐步重视，万科越来越推崇标准化，我们经常能看到模块式的户型或者产品设计，不断复制在万科各个区域的各个产品系列中，这保证了万科的开发节奏和整体产品表现。但某种程度上，万科产品的更新迭代速度并不是很快，几年之内的产品差异化不大，这在中端产品上无可厚非，但在高端产品上人文气息会少一些。

融创中国初始运营的时候，顺驰还没被卖掉，其本身就是为了高端产品创建的品牌。由于入市的时间比较晚，在产品的研发方面，早期属于融创中国的标签并不多。但自北京西山壹号院开始，融创中国的产品总能让人眼前一亮。当年融创中国与绿城的并购虽然最后没有实现，但融创中国仍然从绿城那里学到了很多产品设计和施工的精髓，近年来不断迭代升级，目前已经处于行业的绝对领先位置。2019年，克而瑞的"2019年中国房企产品力排行榜TOP 100"榜单上，融创中国名列榜首，壹号院系列、桃花源系列和府系列均获大奖。

融创中国近几年逐步从一线城市和强二线城市向普通二线城市推进，产品系列是自上而下的推广，往往在各地都有降维打击的优势，相对来说，同样的地块，融创中国的产品溢价总是能多一点；同样的限价，融创中国的项目也总能卖得快一点。

两者都是顶级开发商，在施工质量上相对都是有保障的，并无质的差距。但建筑是一种遗憾的艺术，每个小区多多少少会有些问题房，挡光、渗漏、管网不合理等，购房者选择时尽量规避顶、底、边户和腰线等结构处理比较多的地方，其他部分就看购房者自己的喜好了。

第七节　需要警惕的多元化

我在地产行业工作了 20 多年，主要工作始终是谈判，经历大大小小的谈判数千次，签过的合同过千份。这些年，我不管是做开发、顾问还是销售，都在国内的顶级公司服务，从选择公司的风格到个人的操守，都决定了我从来没在谈判与合同中欺瞒过任何人。但是，有太多次谈判或者合同里，我有幸遭遇过各种陷阱。

选股的时候，看错公司不可怕，可怕的是看错了人。经营总有起起落落，但它一定会给你一线生机。真正危险的，是那些道貌岸然背后的巨雷，踩一次就能让人粉身碎骨。

有一种地产多元化，就是合理合法合规地拿走你的钱，而你曾经是那样地满怀希望，曾经夜以继日地计算过，何时能够和它一起成长到千亿元、万亿元市值。然而，人家把钱赚到了，却没给你留下分毫。

好多人买地产股时都会说，即便现在的估值不提升，就靠业绩推动，几年后的市值也能达到现在的几倍。或者说，即便这个公司再也不发展了，就靠当前土储创造的利润，几年下来也足以买下公司。有这样想法的人实在太多了，这种思维甚至已经成为买入当前地产股的一个核心逻辑。然而，有些地产商却不是这么想的。这个世界上有一种东西叫作烂尾楼，每一栋烂尾楼都有三天三夜讲不完的故事，如果一个人买过烂尾楼，他就会知道有些人心会有多险恶。

2015 年，有人发明了一种减持方法，号称为了企业的发展而减持。他把数十亿元资金减持完毕后，据说是无息借给了公司，但没过多久这笔钱就被他收了回去。这种明晃晃的愚弄，很容易就被饱受摧残的股民们发现了，短短几年时间他就成了老赖，为了不当老赖，他又申请了破产。

我们的开发商就不一样了，为什么要减持呢？那么多的条框限制，都像防贼一样防着这些拿了钱就想跑路的大富翁们，多不方便。我们可以搞多元化啊，现在这可是房企的潮流。有造车的，有造机器人的，有建商场的，有建游乐园的，有开养老院的，有做工业园的。都是为了投资赚钱吗？不，有的就是为了花钱。

投资失败，这几个字我们经常能够见到，但这只是从上市公司的角度看到的失败，从另一个角度来看却是巨大的成功。钱，已经干干净净地转移了，完全合法。如果是高管搞这种多元化，伤害还是小的，毕竟其能力有限。如果是老板搞这种多元化，可能会赔掉整个公司，最后赚钱的只有他自己。但老板肯定是无所谓的，那之后公司只需要一个合法的退市，现在的壳又不值钱。

现在你能理解为什么有些房企每天不研究怎么买地，怎么开发，净挖空心思琢磨多元化了吧。只要有人花钱，就一定有人赚钱。投资地产股，首先考虑的是防守，你根本不用担心它的进攻，但很多时候它的防守会毁掉自己所有的进攻。

我们做投资，不是在做加减乘除，不是在算概率，而是真真正正地在做生意。数字虽然重要，但那都是枝节，根和干才是核心所在。树干歪了，枝叶越茂盛，这棵树倒得就越快。

第八节　配股未必是坏事

我在分享一些关于地产股的投资理解时，提出的有些问题会遭到质疑，比如关于 2020 年 1 月融创中国配股的问题，就有人直接说："配股都能当成利好，真是屁股决定脑袋。"屁股坐在哪里，脑袋当然要长在哪里，这都是脑袋的选择。但对成熟的投资者来说，屁股真不是随便坐的，坐好了也不会轻易乱动。

和配股类似的，还有股息率、负债率等，在很多人眼里这都是教科书上反复提示过的概念，他们从来没怀疑过这些金科玉律的正确性。看到他们的评论，我的眼前仿佛出现了一个孔乙己般的身影，身着长衫，头发蓬乱，用留着长指甲的手指慢慢写出几个"茴"字。

投资不是读几本书就能做好的，教科书般的案例告诉我们的都是大概率的可能性，但因此衍生出来的教条主义者，却经常把特殊性中的大概率变成小概率。股市里七亏二平一赚，能成为胜利者的都是特殊的存在，都是小概率的幸存者，按图索骥只会南辕北辙。

还是以融创中国为例，传出融创中国配股的消息时，不管是雪球网上还是各种地产群里，都是一片负面情绪，而我旗帜鲜明地提示大家，对融创中国来说这是一个好消息，对融创中国的长期投资者来说也是一个大利好。70 亿元补充进净资产，以融创中国 90% 的资产负债率来说，可以撬动 600 多亿元的负债（要减去各种费用），这些钱如果用来购置土地，600 多亿元现金购买的用地，就可以贡献 2000 亿元的货值，即便融创中国的净利润率降到 10%，也会有 200 亿元的净利润。

当然，这是理论值，是一个上限，实际操作中会有出入，但这种用定量的方法做出的定性分析，在逻辑上是行得通的。至少能让我们看清楚，损失的股东权益换回来的是一个什么样的可能。谈到损失的股东权益，实际上谁的损失最大呢？当然是老板孙宏斌。所以，随着融创中国销售规模的不断增长，净负债率会持续下降，以后配股会越来越少，绝不会像有些人所说的会连续配股，这样配下去，就亏到家了。

2020年10月华润置地配股，道理也是这样，央企现在要求70%的资产负债率，只有增大净资产才能保证企业既能达标，又不至于捉襟见肘。而美的置业配股时，下跌的空间几乎是被秒杀的，还没等大家反应过来，股价就一路大涨了。

现实和书本是不一样的，配股不一定就是坏事，高股息也不一定就是好事，股东大会上和蔼可亲的人可能会让你血本无归，而经常呵斥小股东的人反而天天都在帮你赚钱。只有深入企业，实事求是，才能搞清楚我们看到的和书本上的有什么不同。地产行业是个特殊的存在，从资产和负债这些基础逻辑上，就和其他行业有很大的不同，千万不要教条主义。如果投资者一味照本宣科，那还是远离地产股为好。

配股是为了补充资金，对高负债的房企来说，需要经常补充资金来解决短期负债的偿还或者弥补运营资金不足的问题。相对而言，配股比发债要好一些，只是不能常用。如果是发债，不但会直接提高资产负债率，可能导致信用评级下降，影响后期的发债数量和成本，而且也缺少杠杆效应，融资的速度并不快。配股则不然，能直接提升净资产。

配股对股权的稀释是毋庸置疑的，大幅低于现价的配股价当然也是利空，但从企业的长期发展来说，配股是件好事。在融创中国这个案例中，70亿元的资金理论上可以带来2000亿元的货值和200亿元的净利润，这个账不难算。

第九节　五年后的房企会变成什么样子

2020年底，某一线房企发布了未来五年的企业规划，明确了未来五年的发展方向。文中关于"预计未来中国房地产市场会出现以下五大趋势特征"，代表了一线房企对市场未来的预判，值得学习和借鉴。我们听惯了各种"专家"的言论，看看行内企业对市场的理解吧。

1. 房地产市场总量稳定，仍将保持按年微升趋势，预计2030年至少会达到18万亿元的市场规模，行业前十大企业市场集中度将进一步提升至35%~40%，因此我们仍应保持战略定力，坚持主业做大做强，持续保持稳健增长。

当前，各种论调都认为房地产开发的市场规模已经进入了下滑阶段，对地产行业的永续性表示怀疑，对房企的未来成长空间并不看好。我个人预计未来是量缩价涨的态势，随着城市成熟区域的土地供给不足，大量购买力只能在二手房市场释放，导致新房成交量下滑，但房价的持续上涨会继续提升总量。

18万亿元的规模，比2020年可能实现的16.5万亿至17万亿元略高，是一个合理的预期。2030年能否保持，除了房价是否达到效果外，很重要的一点是保障性住房的供应量，这会对商品房土地供应产生很大影响，是此消彼长的过程。

前十大房企如果能达到35%~40%的市场占比，会有6.3万亿至7.2万亿元的总销售额。与2019年3.45万亿元的总权益销售额相比，有一倍的提升空间。十年涨一倍，看起来空间不是特别大，但在这个放缓增速的过程中，收入与成本的错配会更加合理，负债成本也会大幅降低，再加上持有型物业的经营利润和其他多元化收益，前十大房企的利润增速达到10%~15%之间是正常的，接近现在贵州茅台的利润增速。

2. 未来房地产行业将由规模化竞争进入差异化竞争阶段，预计头部房企的销售增速将整体放缓至5%~15%。未来房地产市场的增量主要由价格驱动，改善型客户的需求占比将持续提升，产品力将成为关注重点，公司需将提升产品力作为未来发展的核心动力。

房地产行业正由规模化竞争进入差异化竞争阶段，"三道红线"政策会加快这一进度。简单粗暴地拼负债、拼规模的时代过去了，只有根据市场消费群体的需求变化，而不断调整自己的产品思路，才能更好地迎接新规则。

产品力突出的企业，在未来的竞争中会具有更大优势。房子同质化，实际上是过去20年过快发展带给市场的伪命题。不同的地块，不同的购买群体，是有着不同的产品需求的，个性化主题会是未来市场的趋势。

未来的产品不仅仅是建筑质量更好，小区规划更合理，科技应用和景观营造都会有很大的提升，物业服务更会成为提升居住体验的重要环节。对一些超级房企来说，有足够大的土地规模，更可以在小区外的大环境和大配套上，为业主提供和老旧城区完全不一样的建筑贡献，这是普通房企只能望洋兴叹的。什么是房地产的需求侧改革？让你的房子住起来和别人的不一样，这会是住宅消费需求侧改革的重要部分。

3. 数字化已经在房企价值链的各个环节开始渗透，未来将持续给房企的运营模式带来颠覆。因此我们要积极探索新一代信息技术与房地产上下游各个环节深度融合，全面提升经营质效。

随着体量的迅猛增长，很多房企的管理体系也需要随之提升。对经营规模达数千亿元的大房企来说，某一个环节的有效改善，对利润的提升可能就是数千万甚至上亿元的。过往，在高歌猛进的时代，管理能力的提升一直落后于业务规模的增长，而过快的业绩增长也让很多企业不重视内部管理的严谨性。数字化时代对企业的经营模式和管理效率的促进，在各行各业中都已经体现得很明显，房企也将普遍受益。

4. 伴随着金融环境改善、消费升级和资本市场的成熟，优质持有型物业的估值水平将会逐步提升，未来经营型房企将在企业价值上领先于销售型房企。房企要逐步增加优质物业的持有比例，提升持有型物业经营利润占总体利润比重，实现资产结构优化，提升企业价值。

我最近常说一句话，"招拍挂的时代过去了"！尽管还有很多人不信，但这已经是行业公认的事实。头部企业中，大部分都在打造自己的商业品牌，同时在文旅、产业等方面不断延伸能力圈，原因就是这句话"未来经营型房企将在企业价值上领先于销售型房企"。

持有型物业不是低效资产，而是未来长期稳定发展的通行证，这是头部房企的群体选择。总有人喜欢教这些千亿元级房企怎么做开发，就像总有人喜欢教梅西怎么踢足球。

5. 以美日为代表的发达经济体的房地产企业都善于捕捉不同阶段的市场需求，不断丰富相关多元化产品组合，拓展创新业务领域，从而获得穿越房地产周期，实现永续经营的能力。

房地产绝不是只有"地段、地段和地段"，如果说过去是因为房屋供给总量长期低于需求总量而导致的不平衡、不充分，那么未来我们在数量上的缺口会随着保障性住房的大增而不断缩小。但在不同市场周期中，不同需求的变化，会不断提供市场机遇。

当前的商品房类型是单一的，基本都是依托于城市现有公共配套，摊大饼式不断外延发展，住宅、商业和办公楼都是如此。未来的房屋类型将会更加多元化，并将随着轨道交通和网络技术的发展，而更加趋向于多中心化。养老、度假、会展、特色小镇、产业园区、新型城镇化等，更多房企正在构建一个泛城市化的开发体系。地理坐标的破除，会让大量低价土地成为房企的新阵地，当然这对房企的综合能力要求会更高，只会盖房子肯定是不行的。

综上所述，我国房地产行业的未来仍有较大发展空间，但随着行业集中度越来越高并快速提升，房地产企业必须提升经营质效，增强综合实力才能在行业中拥有一席之地。地产开发行业的增速虽然会下降，但仍然会在很长时间里保持在绝对高位，而这个过程中头部企业将迎来稳定的利润增长期。市场对房企的预期，也会随着财务指标的趋于稳健和业绩的不断释放而发生变更。2020年，在地产股整体低迷的大背景下，龙湖集团的强势就是一个很好的佐证。

未来掌握在房企手中，过去20年的发展模式需要与时俱进了，只有"提升经营质效，增强综合实力才能在行业中拥有一席之地"，这是投资者选择地产股的关键条件。

第六章 地产股的投资逻辑

第一节　判断一只优秀地产股的六大标准

很多企业的估值可以清晰地量化出来，但地产行业的企业不太一样。核心原因在于绝大部分行业中，生产资料基本是同质化的，容易算出一个很清楚的价格，并以此确定价值。而地产不一样，即便紧紧相邻的两块土地，其价值都是不一样的，有时候甚至是天壤之别。相对而言，判断地产股的价值，可从以下几方面着手。

一、安全边际

首先要考虑安全边际，尤其是负债与资产及资产利用能力的关系，这里面负债与资产的关系比较容易理解和计算，但纸面上的数字背后，还需要看实控人的腾挪本事，资产利用能力的重要性有时候甚至比资产更重要。

二、业绩

要把已售未结的过往业绩与当前销售业绩结合在一起看，过往业绩大部分已经体现在当前股价上，而销售业绩代表着几年后的利润，只有将现实与未来结合分析才能看清楚一个公司的真实价值。

三、可持续发展能力

可持续发展能力的重要性是超越过往业绩的，就像明天永远比昨天更重要。这其中最主要的就是优质土储的数量,尽管很难非常准确地算出这些土地的真实价值,但定性分析还是可以做的,比如一二线热点城市的地有多少,位于城市中心区的地有多少等。

四、文化复制能力

文化复制能力常常被人们忽视,由于大型地产公司的扩张范围越来越广,人力储备普遍不足,新建公司基本都是由几个骨干负责援建,一线人员大多数是本土新聘员工。很多全国性公司在各地的业务表现之所以良莠不齐,主要是因为文化复制能力出现了问题。

五、具有独特运作能力

具有独特运作能力的地产公司,比如在商业运营、文旅运营、教育资源利用等方面有独到资源的公司,在同质化竞争中会有明显优势。

六、产品溢价能力

在限价普遍的背景下,产品溢价能力更显重要。谁都想用同样的钱买到更好的房子,如果具有优质产品的提供能力,即便不能改变价格,也可以改变资金周期,到了结算的时候,这都是利润。

针对地产股的定性分析比定量分析更为重要，当然如果能做出一个相对合理的定量分析也是很好的，但其用途仍然是用于定性分析。

第二节　投资地产股的18条军规

前文关于地产行业的发展历程、价格因素、经营模式和企业风格等做了相应分析，在了解地产行业之后，投资者还需要进一步理解地产股的投资原则。

投资地产股，千万不要人云亦云，市场上关于地产行业的看法呈两极分化现象，要么将其妖魔化，要么过于看重低估值。在投资的征程上，两种极端都是不可取的，要深入理解行业、理解企业，才能对一只股票有正确的判断，千万不要情绪化。以下是针对地产股的价值投资，总结的18条军规。

一、赢家通吃

全国有数万家房地产开发商，曾几何时一起逐鹿中原，如今绝大部分已经金盆洗手了，地产开发进入赢家通吃阶段。行业的整体性增长越来越慢，并出现"大鱼吃小鱼"的现象，下一步将进入几大龙头企业分庭抗礼的状态。行业机会淡化并不意味着优秀企业的增速会大幅下降，家电行业中的格力电器和美的集团，白酒行业中的贵州茅台和五粮液，都是可以参照的经典案例。由于存在16万亿元的庞大规模和幅员广阔的国土特点，地产龙头企业的数量会远多于其他行业，至少前十名都会活得很舒服。

二、强者恒强

行情不好，已经成了地产行业的常态。这时银行会缩小放贷范围，有时候只有全国百强房企才能拿到贷款，甚至只有全国50强房企才有资格，而前20强房企则基本无忧。大开发商才有大支持，小开发商注定要输在起跑线上，所以千万不要怀疑房企做大市值的决心，卖房子拼的是土储，做市值拼的是报表。

三、利润

地产行业的特点决定了，其利润都是后期体现的，一般来说在销售完成两到三年后，开发商才可以结利。当期的营收是可以预测的，但每一年的地价和费用不会静止不变，不要简单照搬利润率，刻舟求剑会导致严重后果。

四、陷阱

有些看起来很美的利润表，实际上就是个陷阱。结利的滞后性导致了毛利润与成本之间的错配，有些盈利是结构性盈利，有些亏损也是结构性亏损。前期毛利润不多，但后期开发量较少降低了费用，净利润率一样会高；反过来，前期的毛利润多，但后期新开项目集中投入导致费用大增，报表上的净利润就会明显减少。因此，高净利润固然很好，但要看其是怎么出来的，避免掉入陷阱。

五、负债

房地产开发是个高杠杆生意,负债是一个永恒的主题,地产行业的竞争归根结底是企业负债能力的竞争。现在都在去杠杆,但不要轻易相信财报上的债务数据,不管是明股实债还是债务偷渡,企业的负债永远会比我们看到的要多,而那些看不到的地方才是最危险的(曾经有一家上市公司,其隐藏的负债竟然超过了它当时的市值)。

六、周转

地产行业是个比谁更快的行业,有些行业看存货周转周期,而地产行业看的是资金周转周期。有些公司可以做到开工 5~6 个月后资金全部回笼,资金一年用两次肯定比一年用一次的成本低得多。负债成本高是一个相对问题,资金周转慢才是绝对可怕的。

七、平衡

负债是把双刃剑,能在进攻与防守之间取得平衡的企业,才有长期发展的可能。只会进攻,容易猝死;过分防守,最终将会被淘汰。

八、现金流

有些企业没有利润,市值却越来越大,有些企业的利润看起来很多，却难逃被收购的下场。对高杠杆行业来说，现金流比预期利润还要重要，毕竟远水解不了近渴。

九、 价值观

房企间的差距在于资金和人才，技术同质化严重，除了极个别房企天赋异禀外，大多数企业在产品力上的区别，实质上都是源于指导思想的不同。说白点就是：老板的价值观不一样。

十、 多元化

受制于土地供应的日趋减少，大部分开发商都在做多元化发展，这是个不得不选择的方向。但地产开发实际上是以管理为导向的行业，绝大多数企业的长处是整合资源，尤其是融资。做酒店、写字楼、商场、文旅这些和地有关的产品还好，跨度太大就有风险了。

十一、 存量房

一线城市在清场，二线城市在抢人。城市化的末期是大城市化，但再大的城市容量也是有限度的。随着一二线城市的土地供应日趋减少，房地产的未来属于存量房。对现在的开发商来说，持有型物业是最主要的发展方向。

十二、 信念

股票是实体经营的一种价值体现，脱离实体环境看股票价值，无异于镜花水月。认为中国的房价已经泡沫严重的人，认为中国的楼市随时可能崩溃的人，哪怕有很大的投机机会，也不要买地产股。对国力越来越强大有信心，对老百姓改善居住的迫切需求有信心，是买入地产股的前提。

十三、内房股

近几年，内房股的表现明显优于 A 股上市的地产公司，究其原因，是在 A 股上市的公司都是老牌房企，国企集中。而由于公司上市要求的原因，近十几年来的新公司上市只能去港股。内房股则是民企集中，务实精神明显更好。现在排在前十名的房企在港股都有股票发行或有相关企业，其中大部分还是只在港股上市的。

十四、估值

长效机制对商品住宅的开发商来说，是一个根本性的遏制，是真正的釜底抽薪。"保障性住房 + 房地产税"，既能保证有足够的开工量，带动上下游产业链，又能保证政府有足够的收入，还能规避可能的金融风险与涸泽而渔的短视行为。从行业整体来说，地产开发走在一条窄路上。在这种行业背景下，即便强如格力，也是十多年来一直忍受着 10 倍市盈率左右的估值，可做前车之鉴。

十五、业绩

和十几年前大不相同，现在各个城市的地方保护条例已经很少，市场行为已经是主导。习惯了开放性竞争的龙头房企，只要有地，总能在市场缝隙里找到利润，当然这些利润往往是踩着小房企的尸骨赚到的。不靠估值，优秀的企业仅靠业绩一样能保持较高的增速，这一点可参考格力。

十六、守株待兔

2017年的内房股大爆发是个特例，那是建立在2010—2016年的平淡背景下的。2017年的爆发，直接结果就是导致很多个股的股价，几年过去都没有恢复到当年的高点。兔子撞到树桩上不是常有的，守可以，但得先算算时间值多少钱。

十七、三生有幸

有些人喜欢拿已售未结来说事，总在算哪只个股该值多少钱，并常常为此愤愤不平。不错，那些确实是收益，但对地产这种被放在显微镜下体检的行业来说，仅有过去是不够的，还得看当期销售增速，更要看未来优质土储的数量。只有过去、现在和未来"三生有幸"了，这才是一只好股。

十八、风控

地产股涨起来无法无天，跌起来也一样昏天黑地，翻倍和腰斩的现象都经常发生，一般来说，跌势买地产股是需要有大心脏的。面对这样高弹性的标的，还是先考虑风险，再考虑收益。我喜欢的股票不是涨得最快的，但会是涨得最稳的。

第三节　研究地产股必须了解的五个问题

一、强者通吃时代的到来

以月为单位，地产是强周期的行业，但如果以年为单位，过去20年里，地产行业一直都处于上升周期中。随着国家对负债率和贷款端的管控越来越严格，目前行业处于集中化过程中，整体增速趋缓的时候，龙头房企的利润却将进入释放期。

未来十年，房地产开发都会处于上升阶段。2020年，前十房企的平均权益金额不到4000亿元，这个数字在十年后有机会突破1万亿元，即前十的房企整体权益金额会达到10万亿元左右，至少占据80%的市场份额。龙头房企的好日子远远没到头，有些甚至是刚刚开始。我们已经习惯了房企的"大鱼吃小鱼"，随着"三道红线"政策的落地，"大鱼吃大鱼"的时代也正在开启，投资地产股，首先要判断谁能活到十年后。

二、房企的核心能力是负债

房企最核心的能力是负债，看懂了负债也就看懂了该房企。很多新手或者一些刚入行的研究员，都把高负债当成房企的原罪。但高负债本身并不是问题，关键要看这些负债转化成了多少优质土储，以及该房企的销售去化能力和资金周转速度。而对于那些负债率过低的房企，也要小心其后期的发展速度，毕竟房企的负债率一般都是和土储联系在一起的，负债率太低的房企，往往后期可供开发的土储不足，会影响长期业绩增速。

三、发展持有型物业是房企的趋势

"三道红线"政策之下，是给全行业降了杠杆。两年之后，大部分房企会处于相近的负债环境下，企业发展会更依赖于经营能力和产品能力。经营能力包括融资能力、合作能力、执行能力、成本控制能力、资源整合能力等。产品力除了产品质量的保证外，还包括产品设计能力、产品与客户的匹配能力和业态组合能力等。

未来随着保障性住房的不断增加，各房企的发展趋势会是不断加大自身的持有型物业比例。但这种持有型物业后期的经营压力也是很大的，对企业运营管理和资金流动性的要求都很高，如果处理不好，就会变成一个长期的包袱，难以再翻身。但如果经营得当，看看在地产股整体低迷的大背景下，龙湖集团 2020 年的股价表现，大家应该就会对地产股的未来更有信心。

四、限价是长期趋势

目前全国主要的一二线城市和热点区域的三线城市，都处于限价范围内。在部分限价的城市里，也有一些非限价区域，但这些区域往往地理位置较偏，市场需求不是很旺盛，即便不限价，主动提升价格的空间也不大。

限价主要是分两种：一种是单盘限价，就是给该项目一个指导价，整体备案价格的均价不得超过指导价；另一种是区域定价，项目可以适当高出区域均价，但要想备案就需要其他项目有足够的低价房源同时备案，来拉低高价位房源的备案价。

开盘前房企需要把每套房源的价格进行上报，后期备案的时候不得超过这个价格，有些地方还规定了下限，低于备案价格一定的比例也是不允许的。对很多城市来说，防止降价的重视程度甚至要超过涨价。从目前来看，限价是一个长期趋势，只有供需平衡之后，才会被全面解除。

五、热钱的推波助澜

热钱是逐利的，而且是短期内要求快速见利的，可以类比的就是股市里的游资。这些钱会从低息货币那里融资，然后到高息货币那里赚钱。即便其投资收益不理想，仅仅是货币之间的利差，也足以保证资金的安全性和最低收益。

由于热钱是根据汇市的趋向流动的，这就要求它们要进入那些容量大、流动性好、价格弹性大的领域，以便在撤离的时候能够快速套现，最适合的就是股市和楼市。由于A股对外资还有一定的限制，进入房地产领域就是一个重要选择了。目前，住宅方面管控严格，限购条件基本屏蔽了外资的直接进入，外资比较关注的是股权投资、前融资金和商业地产领域。近期有很多商业项目被外资收购，就是一个缩影。不管从哪个方面着手，这些资金都直接推动了一级市场和二级市场的热度，最终会落实到房价上。

第四节 研究地产股的七大特殊因素

从 1991 年万科 A 正式在深交所上市之后，很长一段时间里，地产股中都是大牛股频现，这与商品房市场规模的快速增长趋势相吻合。但是从 2010 年以后，市场的扩张速度有了明显的放缓，很长一段时间里，地产股的整体热度大为降低。

当前这一轮地产行情，主要是由于 2017 年融创中国、中国恒大、碧桂园等地产股一年上涨数倍而引发的。期间经过了 2018 年的洗礼，在 2019 年大部分业绩优秀的地产股又迎来了一轮上涨。我们应该看到，地产股与其他行业的股票相比，不管从销售端还是到企业内部运作，都有着很多自身专属的运营模式。我们应该尽量客观深入地理解地产股的特殊性，这样才能发现那些具备长期上升动能的优秀企业。

一、利润因素

现在地产股是个热门，在贵州茅台等大白马屡创新高之际，喜欢低估值的投资者的可选标的越来越少。地产股算是低估值的集中营，大家算起前瞻市盈率来，常常两眼放光，极度地低估地产股。之所以会被低估，一是 2015—2017 年这段时间地产的销售额持续上涨，积攒了大量利润，实际市盈率很多都在 4 倍以下；二是在 2017 年，众多地产股高歌猛进，一年几倍的涨幅让大家记忆犹新，总觉得昔日可以重来。但同样是经过了 2018 年的大跌，之后的贵州茅台和五粮液的涨幅是翻倍还有余，格力电器和平安银行也大涨超过70%，但大部分地产股的涨幅还没超过招商银行。这让一向看不起银行股的地产股投资者始终耿耿于怀。

地产股的估值在银行化，实际上现在地产股的估值比银行股低多了。那么明显的前瞻市盈率，市场看不到吗？所谓的前瞻市盈率，源自地产股特殊的结利条件，销售回款不能当成即期利润，只有该购房客户已经收房，开发商完成产权转移后才能结算为利润，这往往都体现在两到三年后的报表上。把两年前的权益销售金额乘以该开发商上年度的净利润率，就可以估算出今年报表的净利润，用当前市值除以净利润就可以得出市盈率，由于是没有正式结算的利润，所以叫作前瞻市盈率。

两年前的权益销售金额基本是固定的，但利润=收入-成本，而这个成本则是本年度发生的。这种两年前的收入与当前成本之间的错配，套用过往的净利润率就会有些偏差，比如今年买地的支出高于往年，新开工的项目多于往年，新归还的负债多于往年等，都会导致本年度成本的明显上升。

从2017年开始，限价政策基本已经覆盖全国主要大城市，但地价却是之前历年的最高点，经过2018年的短期回调后，2019年又开始迅速上升。企业在2017年初和2019年初买下的地块，很多都是利润菲薄，只不过有时候开发商可以通过利息资本化等会计手段，把利息、税收、费用等成本做到后期。2019年，一部分低利润项目就已经开始结利，2020年能结利的项目大多数都是在最高点拿的地（见图6-1）。

可以说，2018年就是很多地产公司利润率的高点（当然，那些已经大幅减少购买土地的公司，2019年的年报反而会更好看些，但它们已经没有未来了），2020年的年报出来，让人大跌眼镜的地产股就为数众多了。

利润会变少，调控压力却越来越大，对地产行业来说，最重的调控手段不是限购、限贷、限价，而是2019年7月国家释放出的明确信号："不将房地产作为短期刺激经济的手段。"近两年来，地产行业仍然越管越严。

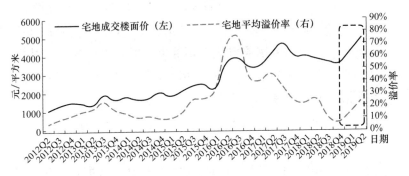

图6-1　宅地成交楼面价与平均溢价率增速对比图

这种严管对于真正优秀的房企来说实际上是件好事，以前大鱼大肉吃多了，现在吃点青菜豆腐，对健康更加有利。等那些来投机的开发商大规模退出这个行业，真正的价投开发商正好开疆拓土，这对国家、对行业、对购房者、对投资者都是好事。

二、 调控因素

地产股的起起落落一向是和宏观调控联系在一起的，关于调控，很多人有误解，以为调控就是打压房价，并且经常拿房价的持续上涨来证明调控的无效。实际上，每一轮调控都有其更加深远的意义，国家从来不会仅仅为了房价而出台调控政策，而且从过去20年的几次大动作来看，每一轮转折性的调控都是成功的，从无例外。

至于房价为什么一直在涨？那是因为调控的成功让中国经济持续稳定地保持了上升趋势，让国人越来越富有，居住条件越来越好。实际上，我们关心的往往是房价的涨幅，但房价在涨，销售面积也一直在涨，在限购政策覆盖全国主要城市的大背景下，高房价依然有足够的支撑，这本身就是调控有效的一大成果。

1998年，亚洲金融危机中，艰苦卓绝的香港金融保卫战虽然以索罗斯败走而收场，但大环境依然紧张，力保人民币不贬值的压力相当沉重。1997年之前，中国经济连续四年保持了两位数的GDP增速，但1998年已经降到了7.8%。1998年7月，《国务院关于进一步深化城镇住房制度改革加快住房建设的通知》出台，要求全国停止住房实物分配，逐步实行住房分配货币化，发展住房金融，培育和规范住房交易市场。之后又陆续出台了相应的金融、交易政策，真正意义上开启了中国商品房全面发展的时代。这一政策的影响是划时代的，并直接让经济走出了低谷。2003年，我国GDP增速重新回到了两位数，并保持了五年之久。

房地产是增强消费、促进经济的利器，但也是一把双刃剑，过度发展会导致金融风险的加大，这一点早就是明确的。2003年6月，《中国人民银行关于进一步加强房地产信贷业务管理的通知》出台，对房地产开发贷款和土地储备贷款提出一系列限制，并提出对个人购房贷款实行差别化政策。此后至今，这种一波冷水式的政策都是一种明确信号：经济好转，房地产该控制了。

2004—2007年，调控细则不断出台并落实，尤其是2007年9月（即A股到达6124点之前的三个星期）《关于加强商业性房地产信贷管理的补充通知》中"收紧房地产开发贷、土地储备贷和住房消费贷，规定以家庭为单位，第二套住房贷款首付不得低于40%，利率不得低于基准利率的1.1倍。"让楼市迅速冷清下来。原本这是个软着陆，但不巧的是，2008年金融危机席卷全球，世界各国的经济环境出现了几十年不遇的急速恶化，中国的经济增速也从2007年的14.2%，直接降到了2008年的9.7%。

关键时刻，2008年10月（A股低点1664点出现的那个月），《继续加大保障民生投入力度，切实解决低收入群众基本生活》的出台，体现了政策的转变，同时还出台了《关于调整房地产交易环节税收政策的通知》，"个人首次购买90平方米及以下普通住宅，契税统一下调至1%。对个人销售住房暂免征收土地增值税，对个人销售或购买住房暂免征收印花税"。2008年12月还出台了"个人购买不足2年的非普通住房对外销售金额免征营业税，超过2年的非普通住房或不足2年的普通住房差额征收营业税，超过2年的普通住房免征营业税"的政策。

结果立竿见影，2008年10月到2009年8月，不到一年的时间股市就上涨了一倍多。经济也迅速止跌，并于2010年重新恢复了两位数的增长。和上次相似，经济企稳之际就是房地产继续冷冻之时。2010年4月，《国务院关于坚决遏制部分城市房价过快上涨的通知》颁布，楼市开始了长达五年的低迷，当月的股市从最高的3181点跌到了2820点。

这一次的调控比上一轮严格得多，不但紧缩了信贷，更是推出了限购、限价等行政手段，同时M2也从2010年的18.95%降到了 2014 年的 11.01%。这段时间，房地产行业开始彻底分化，一部分资金开始撤离，有人直截了当地宣布房地产已经进入了白银时代（见图 6-2）。

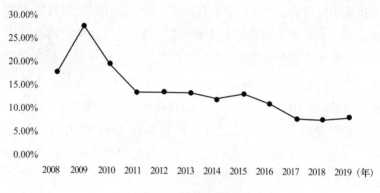

图 6-2 M2 增速走势图

可经济增速也从 2010 年的 10.6%，下滑到了 2014 年的 7.3%，于是在最低谷的时候，房地产又得到了喘息的机会。2014 年 6 月，银监会首次提出大力支持首套房需求，股市率先做出反应，7 月一根久违的大阳线，开启了轰轰烈烈的短暂而又壮观的杠杆牛行情。只不过，这次调整虽然使很多城市的房价一两年内就迅速翻了一倍，但 GDP 增速仍然在稳定地下移，自 2015 年开始一直保持在 6% 多一些，再也没上过 7%。2017 年 10 月，各地开始贯彻房子是用来住的、不是用来炒的定位，楼市又逐步淡了下来。

三、税费因素

不同的行业有不同的税费标准，比如养猪企业可以不交增值税和企业所得税，白酒企业要从价计征消费税，而房企除了常规的企业所得税、增值税等税种外，土地增值税占了其毛利润中的很大一部分。

土地增值税是指转让国有土地使用权、地上的建筑物及其附着物并取得收入的单位和个人，以转让所取得的收入包括货币收入、实物收入和其他收入减去法定扣除项目金额后的增值额为计税依据向国家缴纳的一种税赋，不包括以继承、赠予方式无偿转让房地产的行为。

土地增值税实行四级超额累进税率，增值率高的多征，增值率低的少征，普通住宅增值率不超过20%的则不征。比如增值额超过扣除项目金额50%但未超过100%的部分，税率为40%；增值额超过扣除项目金额100%但未超过200%的部分，税率为50%。具体的计算公式为：应纳税额＝增值额×适用税率－扣除项目金额×速算扣除系数（见表6-1）。

表6-1 土地增值税税率表

级数	计税依据	适用税率	速算扣除系数
1	增值额未超过扣除项目金额50%的部分	30%	0
2	增值额超过扣除项目金额50%、未超过扣除项目金额100%的部分	40%	5%
3	增值额超过扣除项目金额100%、未超过扣除项目金额200%的部分	50%	15%
4	增值额超过扣除项目金额200%的部分	60%	35%

土地增值税是1994年1月1日开始征收的，但之后很长一段时间里，都是按照固定的百分比预收，一般仅需缴纳1%，相对于当时的房价增幅，对房企的利润影响就很小了。到了2009

年，国家开始严格按照累进税率执行后，土地增值税不仅改变了房企的净利润率，对整个地产开发行业的运作模式都有着深刻的影响。

按照累进税率执行的土地增值税，除了能督促房企加快周转速度，为市场提供更多的房源，以此化解房价上涨压力外，也对房企的过高利润进行了调节，同时还可以在房价出现下跌的时候，减小房企的运营压力。比如一个商品住宅项目，销售收入为10亿元，允许扣除额为6亿元，则其增值额为10亿元－6亿元＝4亿元，增值率为（10亿－6亿）/6亿×100%＝66.67%，适用于第二等级"增值额超过扣除项目金额50%、未超过扣除项目金额100%的部分"，适用税率为40%，速算扣除系数为5%。

其土地增值税应缴纳的金额＝4亿元×40%－6亿元×5%＝1.6亿元－3000万元＝1.3亿元，相对于原来的4亿元增值额，降低幅度超过了30%。企业在扣除土地增值税之后的部分，还需缴纳企业所得税。按照上面的案例，4亿元增值额在扣除1.3亿元土地增值税后还剩余2.7亿元，再扣除25%的企业所得税，就只剩下2.025亿元了，降低了近50%。

同理，当房价出现较大的降幅时，比如增值率从60%降到了45%，则其适用税率也会从40%降到30%，而从30%降到20%以下的时候，普通住宅的土地增值税是可以免交的。在市场不景气的时候，累进税率的土地增值税可以帮开发商减少利润损失。

四、资金因素

2015年，从北京、深圳等一线城市开始，房价涨势凶猛，并在2016年逐步带动二线城市，2017年已经发展为全国性上涨。2015年，全国商品房销售面积为12.85亿平方米，销售额为8.73万亿元，销售均价为6794元/平方米。到了2018年，全国商品房销售面积为17.17亿平方米，销售额为15万亿元，销售均价为8736元/平方米。3年涨幅分别为33.62%，71.82%和25.13%。促进消费的作用达到了，3年6.27万亿元的增加值，是家电行业年收入的4倍之多。

但即便如此，也没有让GDP出现明显的回升。原因何在？

正负之和为正才是增长，虽然房地产行业的贡献是巨大的，但有另外一个更重要的因素在持续下降，所以在GDP的增速上，巨大的增加值体现的作用未被察觉。这个因素就是M2，广义货币。从2010年开始M2的增速就一直在稳定下行，从2010年的19.7%直降到2018年的8.1%，打了接近4折（见图6-3）。

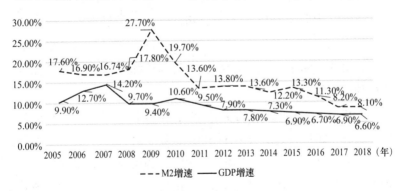

图6-3　2005—2018年M2与GDP增速对比图

在2008年那次全球性金融危机中，中国经济能够迅速摆脱其负面影响，和2009年、2010年这两年的巨量货币供应有直接关系。其中，最严重的就是流动性过剩。2009年和2010年，M2

总量增长了接近50%，巨大的水量涌动在经济体系中，2009年直接把股市从1849点推到了3478点。这种过剩的流动性，对资产泡沫的形成起到了直接而又根本的作用。

2011年，M2增速出现了断崖式下跌，当年同比降幅超过了30%，而那一年也是GDP增速最后一次超过9%，2012年GDP增速就直接跌至8%以下，并一路下滑到2018年的6.6%，与之相伴的就是M2增速的持续下滑，2018年已经压低到了8.1%。

2015—2018年上半年的楼市火爆，就是在这种背景下出现的，虽然房地产行业贡献了巨量的销售额，并带动家电、家具、钢材、水泥等数十个行业全面爆发，但这个增量只能缓解M2增速下降的压力。当然，反过来也可以说，正是房地产行业那几年的"雄起"，才让M2有了降低到8%的可能。

2016—2018年上半年房价的全国性大涨，让商品房成了一个蓄水池，吸收了持续多年的过剩流动性，虽然加大了资产泡沫，但以国内住宅市场的资金支撑能力来看，泡沫软着陆的可能性明显更大，未来十年房价放慢增速，通货膨胀会帮我们一点点化解掉这个悬河。

2017年，M2增速降到了8.2%，降杠杆也出现了明显的成果。2008—2016年间，全国杠杆率上升了99%，平均每年上升超过12%，而2017年只上升了3.8%，2018年更是出现历史性拐点，全年杠杆率出现了负增长，虽然只有0.3个百分点，但意义巨大。只是我国目前的杠杆率还保持在243.7%的高位，其中政府债务有33.39万亿元，家庭债务有47.28万亿元，企业债务有153.47万亿元。降杠杆的任务仍然艰巨，重点就是降低企业负债，未来三年债务偿还超过15万亿元的房企，自然首当其冲。

第六章 地产股的投资逻辑

房地产开发这个行业有个特殊性，明明是商品房，买房却不能算消费，而是算投资。实际上，地产开发和银行、保险类似，都是在没有交付物的时候，先把客户的钱收上来，然后再用客户的钱去投资。

这种商业模式决定了开发商净资产的重要性不像制造业那么强，对其来说，高负债率是一种天赋。而贵州茅台、五粮液这种"现金奶牛"，既不需要高负债，又不会用高负债，可谓各有姻缘莫羡人。事实上，2015年这批牢牢把握住行情，一跃成为一线开发商的企业，其资产负债率很多都在90%以上，去杠杆非常必要。更可怕的是，很多企业的真实负债，恐怕除了董事会普通的会计经理和一般高管都不完全清楚。

地产公司除了报表上写得明明白白的负债额度外，还有很多种隐性负债。最常见的就是明股实债，看起来是少数股东，实质上就是债权人。主流房企的权益比例大致在70%左右，剩下的30%中有多少是债主，看报表肯定是看不出来的。

另一种常见的负债是表外负债，也就是成立一些不并表的公司，由这些公司负责融资，然后以第三方支付或者履行合同等多种方式，将资金转交给母公司使用。这种公司往往名义上的持股比例并不高，但借款合同大多由上市公司担保，债务风险也和上市公司直接借款相差不多。

针对降杠杆，现在的主流开发商一般有两种选择。一是降低增速，通过业务规模的调整来减少融资，这是做减法；另一种是负债额度不变，加大业务规模，通过资产的增加来降低资产负债率，这是做加法。不管做减法还是做加法，大家心里都明白，短期内借钱是越来越难了。不是你想不想，而是所有人都在这个去杠杆的关键周期里，无论是处于主动还是被动都必须要降。

五、土地因素

地产商，可以通过字面简单理解为"以土地和资产为核心的商人"。房企的资产中，绝大部分都是负债，所以地产开发归根结底做的就是两件事，一个是负债，另一个就是买地。上一篇讲了负债，中短期来看不管从宏观还是从企业自身角度来说，企业的负债率都是必须要降的，那么各家房企之间的竞争焦点就很明确了在低负债率的背景下，怎么把土储控制在一个合理的范围内？换句话说，就是能借的钱少了，怎么买地？

事实上，不仅仅是能借到的钱少了，能买到的好地也越来越少。从过去五年的各等级城市土地供应面积来看，一线城市土地供应一直不多，二线城市增长缓慢，新增用地大量都集中在三四线城市。地产商不但要面临着资金趋紧的问题，更要面临买地难的困境。

不管市场如何低迷，一二线城市的好地段永远不缺买家，尽管时不时会造出来个面粉比面包贵的"地王"，但仍然挡不住大鳄们的好胃口。我们已经习惯了土地拍卖中上百轮的举牌，也习惯了小房企一家家消失在市场竞争中，未来我们会更加习惯"大鱼吃大鱼"的市场，因为小鱼已经快被吃光了。

"我的钱再少也比你多！"大房企只要坚定认准这句话，小房企的日子就会越来越难熬。就像那个著名的寓言故事所说："我不用跑赢狮子，跑赢你就行了。"市场是有限的，钱是有限的，大房企可以吃的小房企在短时间内还是不少的。

开发商拿地主要有三种模式，一是招拍挂，二是并购，三是勾地。

1. 招拍挂

这是规定动作，一个经过一级土地整理的地块，只有经过招拍挂才能合法地转交给开发商。前几年"地王"频出，给地方政府带来了不小压力，现在很多城市都是采取价格封顶的模式，即各方的竞拍价到了一个限度后就不再加价，改成竞争配建的保障性住房的面积。

其实，羊毛出在羊身上，这种成本最后还是要摊在项目中，算进房价里。招拍挂拼的是硬实力，以前小开发商能借到钱的时候，还能勉强和大房企拼一下，但现在百强之外的房企借钱都不容易，行情不好的时候甚至只有排在前 50 名以内的房企才有银行肯放款。基本上第一轮举牌后，小房企就可以离席了。

2. 并购

招拍挂的起拍价是政府根据市场销售价格情况来制定的，有时候市场变冷，但土地的价格仍然高企，这就会导致流拍的出现。一般在这种市场冷清的背景下，大房企更喜欢并购。因为被并购的土地或者项目，都已经走完招拍挂流程，法律手续比较完善，后期启动速度会比较快。

由于这些年来，房价一直都是上涨的，过往买地的成本自然会比现在低得多。和招拍挂不一样的是，这些地块或者项目的转让没有标准价格，完全看合作双方就具体条件的谈判效果。如果把招拍挂比作是售楼处里价格公开的新房，并购就像是在中介门店里成交的二手房，最后的成交价格各不相同，达成的协议有时候也是千奇百怪。

以前被并购的地块，往往都是原来的小开发商资金不足导致无力启动，现在很多小房企考虑到市场上主流项目都是大型上市房企在操盘，即便自己能够启动销售，收益也未必会实现最大化。所以有些优质地块也会主动寻求合作，地块原来的老板有时候也会保留一部分权益，这样既可以避免立即缴纳土地增值税（股权完全转让，是需要提前缴纳土地增值税的），又可以享受到溢价部分。

对大房企来说，保留原有股东的部分权益，既可以降低收购成本，又能在后期操作中借用原土地方的业务关系，属于双方共赢。由于这种模式的应用越来越普遍，所以我们在看业绩表的时候，不但要看全口径金额，更要看权益金额，这才是上市公司真正的收益所在。

3. 勾地

普通的招拍挂，是政府为整理好的土地定价，然后再推向市场。而勾地，则是一块地在还没有定价，甚至还没有控规的时候，开发商就提前进入，与政府一起协商该地块的规划指标，确定挂牌价格。勾地并不意味着开发商就一定能拿到该地块，所有的出让土地，后期都是要走招拍挂手续的，但勾地方面沟通得比较好的房企，可以让该地块按照自己的业务模式来做控规，相当于量身定做，使其他房企很难抢得到。

一般常用的勾地法宝有商业模式（万达和新城吾悦）、文旅模式（融创中国和华侨城）、产业园模式（华夏幸福和绿地控股)、造城模式(中国金茂)、旧城改造模式(恒大和佳兆业)等,不仅各有各的看家法宝,且无一例外都是上市大房企,小房企连举牌的机会都没有。

之前我曾经讲过,未来的核心城市中,政策性住房会是主流,比如深圳未来只有40%的新增住宅为商品房,其余的都是政策性住房。随着长效机制的落地,以后核心城市大部分新增用地,都会逐步向政策性住房过渡,剩下有限的商品房用地就更是奇货可居。可以说,不管是招拍挂、并购还是勾地,所有的胜利者最后只能是那些资金、管理、专业都远超同行的大房企,小就意味着消亡。从图6-4中我们能很清晰地看出,过去几年百强房企占据了何等的主动地位,当小房企被吃干净之后,这个门槛就会越来越高,十年之后恐怕除了50强房企外,其他房企每天都要为生存而战了。

21世纪20年代,对地产商来说,发展的主题就是"大鱼吃大鱼"。

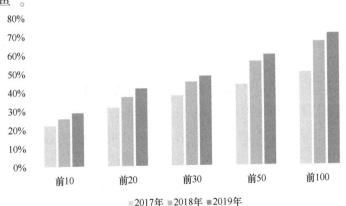

图6-4 房企市场集中度变化图

六、 生存因素

很多行业中的企业一旦冲到领头羊的位置，护城河就会很宽广，轻易不会出现大的回撤。可房地产这个行业不是，再牛的房企也是时刻走在生死线上，毕竟地产开发不像一般的制造业那样，连土地这个最基本的生产资料都是不受控制的，有时候有钱都买不到。

小房企正在成批退出舞台，几年之后能留在市场中的，都是久经沙场的老牌劲旅，没有几手绝活，想长期立足在肉搏战中是很艰难的。举个小例子：有一家央企，在一个严格限价的二线城市拿了一块地，这块地的成交楼面价，竟然比旁边另一家更大牌的央企房屋售价还要贵。面粉贵过面包的情况是会经常遇见的，但那基本上都是几年前房价快速上涨阶段出现的事，现在可是限价时期，周边竞品根本就没有涨价的可能，怎么拼？

实际上，这家房企之所以对这块地情有独钟，并不完全是看中了这块地的内在质素，更主要的是该房企在当地已经没有储备地块了，如果这块地不能如期拿下来，城市公司就要面临解散。

这是一个项目的情况，但也是整个行业的缩影。房企赚的钱，最终都得用在买地上。一轮又一轮的周期，哪一个周期没挺过去，以前所有的家底就有付诸东流的可能。地产开发行业中企业的估值一直不高，甚至越来越低的原因就在于此。为了跳出这个高压圈，更是为了避免以后商品房用地越来越少的趋势，很多房企都开始了多元化发展，但效果大多不尽如人意。

以前地产行业景气度高的时候，各行各业的资金纷纷涌入，现在则是地产行业的大量资金纷纷涌入各个行业。看看房企们的副业表，有造车的、有做物流的、有研究机器人的、有开游乐场的，一些做商场、酒店、写字间的房企毕竟还在"地"上做文章，那就算是立足本业了。不能说这些尝试都是失败的，但这些副业不管是营业收入还是利润额，与母公司在地产开发上的辉煌相比，都不足一提。

聪明的地产商，往往能从多元化中找到与住宅开发的结合点。比如商业与住宅的双轮驱动，产城融合静待土地增值、汽车小镇、养老小镇、旅游小镇等概念层出不穷。

利用特色产品勾地的模式，被房企们应用得越来越广泛。如今前50强房企内部的竞争，已经从买地、售楼扩展到很多行业。在商场、产业、酒店、文旅等方面的能力，对未来的大房企来说都是核心竞争点，但这些投出去的钱要管好，可比项目运作复杂多了。

一个永远无法躺着赚钱的行业，市场能给多少估值呢？

七、集中因素

前面讲了地产行业存在很多的问题，甚至有不少人以为我在看空地产股。非也，实事求是可是做投资的最基本原则，没有完美的标的，我们选股的时候必须要搞清楚这只股票的问题在哪，这甚至比了解它的优点更为重要。

我在选股的时候，如果研究出来的都是利好因素，那是肯定不会买这只股票的，因为这只能说明我对这个企业的理解还不够。芒格说过，如果我知道自己死在哪里，就不会去那里。同样的一句话也可以换个角度理解：如果一个人不知道自己可能死在哪里，那就随时可能会死掉。

地产这个行业经过了百花齐放的时段，也经过了万马齐喑的时段，现在这个时候倒是比较正常了，和其他行业的气质终于接近了一些。从中国的城市化进程、一二线城市的保有量和长效机制的逐步落实等多个角度来看，未来商品房的整体增长空间已经不是很大，但考虑到中国经济的持续稳定增长态势，房地产业不会像有些人想的那样，很快就会出现量价齐跌的恶性局面。

某种程度上，核心城市的商品房有些像贵州茅台的股价，不管你怎么去论证它的价格已经离谱，它仍然会默默地存在着，直到你叹服为止。而非核心城市的商品房则有些像周期股，涨的时候疯狂，跌的时候也很疯狂，但从长期来看，它的底部依然是稳步向上的。今时今日，茅台已经可遇不可求，周期股好不好就取决于你怎么判断周期的盛衰了。

2015—2017年，一批民营房企横空出世，牢牢地把握住了大周期，这很可能是房企们最后一次颠覆式大洗牌。低廉的地价，迅速上涨的房价，宽松的流动空间，压抑了5年的购买群体，让有些房企短短时间内就完成了数倍增幅，这直接推动了2017年的内房股行情。而到了2018年，一扇门已经开始关闭，那是鲤鱼们日思夜想的龙门。天时已过，再想飞升就不知何年何月了。

10年之后，恐怕只有5家房企能够吃饱，10家房企能够吃好，20家房企能够总有饭吃。而这5家吃饱的，基本只能在全国排名前10房企的范围内出现；10家吃好的，绝大部分不会跌出前30名；20家总有饭吃的，大多数现在就已经跻身前50强房企之列了。

如果说过去20年，房企们主要是在享受各种红利，把握好调控的节奏就能活得不错的话，未来10年绝大部分红利都会消失，各家房企都如笼中困兽，每天都要和那些牙尖爪利的巨无霸们生死相搏。但投资的机会也就在于此了，做过白酒和家电的投资者，回忆一下五六年前，就会发现现在的地产股与那时候真的很相似。从整个行业的发展来说，白酒和家电在几年前就已经遇到了天花板，之后增速缓慢。但贵州茅台、五粮液和格力电器、美的集团的表现，却远超大部分上升行业的牛企，这一幕会在地产行业中再次重现。

不同的是，地产的商品房销售额有16万亿元之多，还有一定的地域限制，牛企绝不仅仅有三两个，也不会是简单粗暴地过把瘾就死，把买地产股当成投机的人会错过下一个茅台和格力。当然，茅台和格力的股价也不是一天就涨到现在的高位的，期间也都经过了起起落落，甚至很多次都让人以为该股就此沉沦了。我仍然看好地产股，但只看龙头企业，我会按照10年的时间去持有，但绝不认为这10年会一直步步高升。

2017年那种特殊的行情再也不复返了，地产股已经充分接了地气，以后会更像一只价值投资者长期持有的股票。

第五节　负债是地产开发的核心能力

房地产开发在一级行业的分类中，是与银行、保险等一起划为"金融地产行业"的。这三者共同的特点就是负债率高，很多房企和银行、保险公司一样,资产负债率可以达到90%,而一般的制造企业,资产负债率往往只有它们的一半。

很多投资者对负债率高的企业有排斥心理,很多教科书上也在反复提醒投资者要警惕高负债企业。但具体事情需要具体分析,地产股绝不是负债率越低越好,更不是负债率越高越危险。开发商的设计、建筑、装修装饰、物业、销售等都可以寻找外部企业进行合作,其最核心的工作就是负债,可以说负债能力决定了一个房企的运营能力,也决定了一只地产股的未来。

一、合同负债

对高杠杆行业来说,负债能力是决定其身处地狱还是天堂的核心因素,房地产行业尤其如此。对房企的负债,市场上存在着太多误解,导致整个地产行业都被妖魔化,也就直接压低了地产股的估值。

其实,很多质疑房地产的人,根本就不理解房地产到底是一个什么样的行业,他们大多数都是面对高企的房价望洋兴叹,然后就把所有的罪责推到开发商身上,以为这就是他们买不起房的根源所在。其实,房价里的大部分收益都与开发商无关,接近2/3的收入都被以土地出让金或者各种税费的形式拿走了,剩下的部分还要支付建筑工程费、销售费用、管理费用等。按照净利润率来说,开发商与同样属于高杠杆行业的银行业相差悬殊,除了个别持有物业较多的企业外,大部分都在10%左右。

但一线房企的净资产收益率（ROE）很多却能保持在20%以上，有些甚至能达到30%。低净利润率、高ROE的房企，与高净利润率、低ROE的银行虽然都属于高杠杆行业，但赚钱效率却完全不同，这归根结底是双方负债上的差异。换句话说，房企为什么能有那么丰厚的利润，就是因为它们在负债结构上有着无与伦比的优势。而房企与房企之间的优劣，也更多表现在负债能力上。

银行的主要负债是存款，保险公司的主要负债是保费，这都只是一重杠杆，而房企之所以有优势，就在于它们比银行和保险公司还要再多一重杠杆，那就是预售房款。我们看到房企的负债结构中，除了银行贷款、信托资金、公司债和企业债等，还有大量的合同负债。对很多业绩良好的公司来说，合同负债甚至占了总负债的大部分。

世界上有两种会计，一种是普通会计，另一种是房地产会计。不管你是多么资深的会计师，如果不深入理解房地产开发的种种特殊性，都会闹出一大堆笑话来。地产开发企业在财务上最为特殊的，就是预售制度所导致的结利方式。

由于我国的房屋开发，允许开发商在没有完成工程建设的情况下，只要投资金额或者工程进度达到一定比例，就可以提前销售给购房者。所以很多开发商在开工仅仅几个月之后，就有机会拿到购房者的全部购房款。但由于房屋还没有建造完毕，还不能交付给购房者，理论上存在着工程质量不达标导致购房者退房的可能，所以这部分提前收取的购房款就不能算作是开发商的利润。要等到房屋全部建造完毕，购房者收房之后，才能作为利润体现在报表中。

这部分提前预售，还不能计入报表的购房款，就是合同负债。按照财务制度，这部分钱是要算作企业负债的，但实际上这些钱已经相当于开发商的自有资金了。大部分开发商是可以要求施工单位垫付一部分建设资金的，所以理论上它们只要支付了土地出让金和一小部分销售费用和管理费用，就可以申请银行贷款和发行信托产品、公司债等。就现在的实际应用来看，房企只要拿出40%的开发费用，就能撬动整个项目。也就是说，一个非滚动开发项目（指一次性全部施工的工程，不包括滚动开发项目），如果总投资是10亿元，开发商只要付出4亿元就可以全部建造完毕。如果是一个大地块，后面分期滚动开发，实际投入的比例还会更低。

虽然现在理论上预售款是有专门用途的，但在覆盖了占总销售额百分之十几（以均价20000元/平方米的项目来算）的建造成本和一部分预缴税费之后，项目公司账户上还会有大量的融资款项或者预售房款可以使用。

要知道当初的启动资金，母公司是可以用借款的形式贷给项目公司的，这样初期的投入资金用不了一年就可以全部被收回。这就是高周转的赚钱之道，有些行业资金周转速度也很快，但没有一个行业像房地产开发这样，有着如此大的资金量还能保持这样高的周转速度。

合同负债的存在给房企们提供了一条独一无二的赛道，在表面负债的基础上，各家房企的实际杠杆还要更高，但这种高杠杆不但没有加大房企的经营风险，还会让规范的房企拥有了更强的安全边际。

所以，很多看起来资产负债率高达80%甚至90%的房企，可能实际的风险会很小，而有些资产负债率低的房企反而可能是经营不善的，这都是合同负债在财务报表上的作用。

二、负债压力

合同负债这一特殊存在，让很多传统的负债评估方法在房企身上不那么适用了，要看清楚房企的真实负债压力，就要穿透表面的数字，去深入评估企业的实际资金风险。我们先来看一些名词解释。

1. 资产负债率

这是大家经常使用的一个名词，雪球网在负债数据上使用的就是这个概念。其计算公式为：资产负债率＝负债总额/资产总额×100%。资产负债率主要看的是资产的含金量，但由于负债总额中没有体现合同负债的数量，所以单凭资产负债率是无法评估一个企业真正的杠杆比例的。

2. 净资产负债率

净资产负债率＝负债总额/净资产总额×100%，这个指标实际上是资产负债率的一个变体，能更鲜明地体现出负债对企业的压力，但和资产负债率一样看不出合同负债的比例，对房企来说意义不大。

3. 有息负债率

有息负债率＝有息债务/负债总额×100%，也称为净有息负债率，体现的是企业负债中，需要付出利息的部分占总负债的比例。有息负债率越低，代表企业的负债成本越低，负债结构越好。

房企的有息负债，主要是银行贷款、信托贷款、公司债和其他借款等。与有息负债相对应的，是无息负债。房企的无息负债中，除了和其他行业相似的应付账款、其他应付款、应交税费、应付工资等，主要就是合同负债了。

4. 净负债率

真正能看清楚房企负债压力的指标，是净负债率。净负债率 =（有息负债 – 现金）/股东权益。由于合同负债都是以现金的形式存在，所以合同负债越多，理论上现金数量就会越大，净负债率就会越低。

举个例子，我们看 2019 年中报，万科 A 的资产负债率是 85.26%，在很多人的眼中这个比例已经是非常危险了，企业随时面临着资不抵债的可能。但万科 A 的净负债率却只有 35.04%，还是比较稳健的，这是因为万科 A 的 1.34 万亿元总负债中，有着 5666 亿元的合同负债。

同时，万科 A 还有 1.5 万亿元左右的土储，这部分土储的流动性较好，有些甚至会超过在售房屋。即便打起折来算，其土储也能在短时间里变成 1 万亿元现金。这样来看，1.34 万亿元的总负债是不是就没有那么让人担心了？事实上，土储的多少也直接决定了房企的负债规模，毕竟银行贷款、信托贷款都是要求用土地或在建工程做抵押的，公司债的发行规模和成本也与房企的存货直接相关。

与其他行业相比，研究房企的真实负债，不能简单地套用指标，也不能靠着加减乘除就去得出一个企业是否保持了财务健康的结论。对一个市场为 16 万亿元的巨无霸行业来说，其顶级企业的销售规模都是以千亿元来计算的。流水不腐，巨大的现金流可以让看起来很恐怖的负债，演变成源源不断的利润。

研究房企，不仅要关注它的净资产和现金，更要关注它的销售进度和土储增长速度。看起来后面两者一个是进项，一个是出项，实际上都是提升负债能力以便加大杠杆的重要因素，而杠杆就是房企的生命线。

三、真实负债

前面我们阐述了房地产开发企业的负债特点，绝不能按照其他行业的负债标准来判断房企的负债压力。但这绝不是说房企的负债就是小事一桩，更不是说其负债应越多越好，负债是把双刃剑，虽然如今的融创中国靠负债在短短几年间便进入了全国房企前四强，但当年的顺驰也是因为负债悲壮地倒在了黎明前。要知道，当初年销售回款近百亿元的顺驰，被路劲收购 55% 的股权时，仅得到了 12.8 亿元现金。

2017 年后，融创中国收购万达 400 多亿元的土地和项目，也是用打了七折的价格买到的，完成了一个周期的闭环。究其原因，顺驰和万达都是在高负债上栽了跟斗。跑得太快，即便是庞然大物，也可能随时轰然倒地。我们看到的房企财报，其中的负债实际上都只是房企真实负债的一部分，很多房企在背后实际上还有一个账本，那里面的负债更加让人惊心动魄。

2015年，融创中国收购佳兆业的案例中，我们就看到了房企真实的一幕。据佳兆业2014年中期业绩报告显示，其有息负债约为300亿元，但在该公司2015年2月的一则公告中，有息负债就变成了650亿元，这直接导致了融创中国收购行为的终止。

房企在常规负债之外，还有几种隐形负债，这在报表上是不会明确显示的，但投资者必须要提防。一是明股实债。根据中国证券投资基金业协会的《证券期货经营机构私募资产管理计划备案管理规范第4号》文件，明股实债是指，"投资回报不与被投资企业的经营业绩挂钩，不是根据企业的投资收益或亏损进行分配，而是向投资者提供保本保收益承诺，根据约定定期向投资者支付固定收益，并在满足特定条件后由被投资企业赎回股权或者偿还本息的投资者方式，常见形式包括回购、第三方收购、对赌、定期分红等。"

按照现在的相关制度，项目公司只有拿到四证之后，才能取得银行贷款。但房企真正的资金投入大头，却是在购置土地的时候。对很多公司来说，单纯依靠自有资金往往会捉襟见肘，于是便有了明股实债的产生。

在拿地之前组建项目公司的时候，资金方可以把借款以资本金的形式打入项目公司账户，用以购置土地和支付项目前期费用。但与普通合作的收益形式不同，不管项目实际的收益如何，资金方都会取得固定的分红，或者以预定的价格被回购股权。看起来是股权，实际上是债权，这就是明股实债名称的由来。

我们看到现在的房企销售数据可以分成两种类别，一是流量金额，指的是房企持有股份的项目全部销售金额；二是权益金额，指的是流量金额中属于房企自身权益的那部分金额。明股实债到底有多少，我们是无法从房企的财报中直接找到的，理论上流量金额与权益金额之间的差值，都有可能是明股实债，我们只能知道上限，无法了解真相。

  明股实债多少还是有迹可循的，至少我们可以看到它的最高限额，但对于表外负债，我们就完全没有办法了解它的规模了。房企在做财报的时候，一定程度上是可以选择哪些公司并入哪些公司不并入的。为了让资产负债表变得好看，以便得到更多借款，并取得更低的负债成本，有些房企就会把大量的负债放在子公司里，而这些子公司的财务数据并没有并入母公司的报表，这就是表外负债（严格来说，明股实债也是一种表外负债，我们这里专指财报之外的负债）。

  我们看到有的上市公司的财报，把未控股的子公司都纳入了报表，却把控股权超过51%的子公司剔除表外，这虽符合会计准则，但难逃瓜田李下之嫌。即便是最专业的会计师，也很难通过几份报表便了解房企最真实的负债情况，投资者在这方面确实是个弱势群体。在实际投资中，我们能做的就是紧密关注房企的实时销售数据，一般来说能够完成年度销售任务的房企，基本还是可以覆盖当年的负债压力的。

  投资地产股，有太多风险是我们看不到的，这种高杠杆行业就和投资者加杠杆炒股一样，上得快下得更快。不思进先思退，投资地产股首先考虑的是防守，毕竟对地产来说进攻不是大问题，但千里之堤溃于蚁穴，只有防守好才能把钱留住。

第六节　不可能三角：关于房地产的五个名词理解

一、股权合作

"三道红线"政策出台之前，房企是靠负债跳跃式发展的。在受限之后，未来大房企与大资金之间的股权合作会是其增量资金的主要来源之一。这种合作，对要求稳定回报但并不要求太高收益率的险资来说，是非常理想的选择，双方各得所需。同时这种股权合作不占用银行贷款资源，这也是符合防范"灰犀牛"事件的宏观管理方向的。

对险资或者各类基金来说，安全性始终是第一位的，资金方对回报率的要求不高，品牌和规模才是其最关心的。没有品牌和规模的企业正逐步退出市场，把阵地让给龙头企业，完成供给侧改革，房地产正在进入强者恒强的时代。

二、不可能三角

"三道红线"政策会对房企的负债率严格控制，与此同时国家又提出了大力发展保障性住房的要求，同时还需要严控房价，这就形成了一个不可能三角（见图6-5）。

控制了房企的负债率就是控制了土地购置，控制了土地购置就是控制了有效供应量，而保障性住房的增加，将进一步加剧土地供应的紧张程度，那么本来就已经供不应求的市场，会出现怎样的变化？以后有些地方买新房，难度可能堪比在北京摇购车指标。对核心城市来说，出现这种情况只是时间问题。

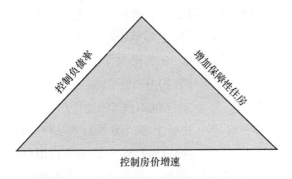

图 6-5　不可能三角示意图

三、负债率

对头部房企来说，每一家都可能有表外负债，每一家都会有股权交易，小房企可能会少些，主要是因为其品牌力不够，合作的机会有限。就房地产这个行业而言，和银行、保险行业一样，归根结底的经营逻辑，都是如何把负债用好。没有负债，银行、保险和房企就都没有投资价值了。负债高并不可怕，只要有足够的资产和收益来匹配就行。如果买负债率太低的地产股，还不如去买一些稳定的银行股和公共事业股。做地产股的投资，一定要先搞清负债到底意味着什么，否则还是远离为妙。

四、净利润率

2019年，主流房企的净利润率多在10%～15%，少数房企才能达到20%以上，比如中海和华润置地。这里所说的净利润率是指报表净利润率，比项目普遍要高一些，里面还包括了利息收入、经营收入和股权收益、公允价值变动等。2020年的净利润率会有比较大的下滑，原因主要是受限价政策和2018年市场不景气的影响，但整体来看，多数房企保持10%左右的净利润率还是能做到的。2022年结算的主要是2020年的房源，2019年很多房企在做促销，部分地价也不便宜，2019年的净利润率和2020年差不多，保持在10%上下。而2021年结算的净利润率，将比前后两年都高一些。"三道红线"政策可以限制行业内卷，对营收增速有抑制作用，但也会提升房企的净利润率，未来多数房企的净利润率长期保持在10%~12%之间是正常的。

五、产品力

产品力在限价的作用下，最主要的价值是提升周转率。一笔资金两年用三次，比三年用三次所创造的利润大多了，用IRR（内部收益率）公式算一下就能很清楚。融创中国的毛利率也不是很高，但净利润率在全国排名前50的房企中，可以排在前30%，而名列其后的房企大部分融资成本都比融创中国低，有些甚至要低出2~3个百分点，这就是产品力的价值体现。

第七章 地产股的估值模式

第一节　估值的本质是对时间的理解

做投资，尤其是做价值投资，估值是选股时必不可少的环节。由于不同行业的公司有不同的发展模式，无法用一个模型或者指标套用在所有的股票上。所以，针对价值股、成长股、周期股、非盈利股等有不同的估值模型，也会应用不同的估值指标，PE、PB、PS、PEG、PEV 等指标，都是大家耳熟能详的。

估值虽然是用数据推导出来的，但由于应用的数据或是过去的静态数据，或者是对未来发生行为的一种数据化假设，所推导出来的数据，实际上是用一种定量的方法得出的定性分析。一堆公式算完，可以说这只股票的估值低了，也可以说这只股票的估值太高，但低到什么程度，高到什么程度，大部分仍需要与该股票的历史估值指标相对比，或者是与同行业的相似企业估值做对比。从某种程度上来说，这是用概念来衡量概念。

上大学的时候，我曾经学过一句话："经济学不是一门科学。"套用过来，投资也不是一门科学，估值更不是一门科学。科学是严谨的，需要确定性甚至唯一性，但投资和估值中，有太多的变量，我们找不到一个放之四海皆准的公式，这已经有太多例子可以证明，尽管时至今日还有很多人在为此不断努力着。

那么，既然估值并不能得出明确的量化标准，估值的本质是什么？时间。**时间在投资中是一个抽象的概念，对价值投资者来说，"时间是好企业的朋友，是坏企业的敌人"；对技术分析而言，最基本的四个元素就是"量价时空"。**在生活中，面对一些短期内无法解决的问题，我们也经常会说："让时间来改变这一

第七章 地产股的估值模式

切吧"。

而所谓的复利,其实质就是让时间去赚钱。

我们的资金如果去买银行的理财产品,大约会有4%左右的低风险收益,那么这笔资金的机会成本就是4%;如果用的是券商的融资,假设利率是6%,那么这笔资金的机会成本就是6%。不管资金成本是多少,最后计算总成本的时候,都要乘以时间。利率虽然看起来不高,但乘以时间后可能就会高了,如果按照复利计算,那这个成本就会变得更高。

所谓的估值,就是你为之付出的时间。在数学上,这很难计算,但在心理上这是一个很具象的存在。一个职业投资者,如果需要用股票投资的钱来承担家用,那么在股价不变的情况下,每年的开销就是他所付出时间的成本。一个基金经理,需要跑赢沪深300指数,那么在股价不变的情况下,与沪深300指数之间的差额,就是他所付出时间的成本。

如果买入的时候,股票的估值偏高,那么后面股价长期不涨甚至下跌的可能性就会加大。对投资者来说,不同的时间成本会随着估值下跌而成比例放大。如果买入的时候,股票的估值偏低,那么后面股价长期上涨的可能性就会加大。对投资者来说,其不同的时间成本,会随着估值上涨而成比例减小。

估值的本质是时间,每个人的时间都有不同的价格。时间被量化后,会在潜移默化中改变一个投资者的思维模式。

就当前的行情而言,买招商银行和中国平安,是在时间的左侧,它们早晚会走到右侧,如果投资者认可这个时间周期,现在买入的风险就不大;而买贵州茅台,是在时间的右侧,即便后面受估值影响会有压力,但它利润增长的确定性,早晚会把虚值做实，之后又会回到时间的左侧，如果投资者认可这个时间周期，现在买入的估值就不高。

买什么，取决于投资者对时间的理解，先予之后取之，还是先取之后予之？有些东西，如果实在无法理解，就交给时间吧，它会告诉你唯一的答案。

第二节　你的合理估值，我的安全边际

影响股价的直接因素有两个，一个是业绩，另一个是估值。探讨业绩的著作有很多，其中一些经典的论述已经被亿万投资者奉为圭臬。关于估值的观点也不在少数，但能被广泛认可的并不多，很多都是在方法论的层面，只适用于某一种模式，在另一种形态中就会严重偏离。

每一个行业都有其特性，用一种方法去做所有股票的估值，就像用一把尺子量完大象量蚂蚁，怎么都不合适。投资是一个体系空间，不是一条线，更不是什么都能量得出。

常用的估值方法有现金流折现法、横向估值比较法和纵向估值比较法等。

1. 现金流折现法是通过测算公司未来的现金流量，并按照一定的折现率来计算公司的现值。其中关键的是折现率和增长率指标，尽管会有一定的条件性推导，但仍需要一些假设成分。事实上，具体在企业发展中，假设是经常会出现偏差的，而这种假设一旦变更，后面的推论就会崩溃。折现率或者增长率变动一个点，对后面估值的影响可能就会相差数倍之多。用定量的方法，最终只能做出定性的分析。其中的变数，就是投资者的价值。

2. 横向估值比较法是与行业内其他业务相似的企业进行对比，看看目标企业的估值是高是低。虽然都在一个行业，但世界上没有两个完全一样的企业，即便两者的业务相同，在发展规模、成长周期、管理文化、财务风格等很多方面也会有很大差异。横向估值有一定的参照性，但还要结合具体企业的具体特点来给差异性做估值的修正，这里面的技术含量就非常高了，需要投资者对目标企业和对标企业都非常了解才行。

3. 纵向估值比较法是参照该公司的历史估值，看看时间百分位（历史上有多少时间的估值是低于当前标准的，比如在历史上有70%的时间比现在的估值低，那么时间百分位就是70%）。或者是看空间百分位，计算方法为：（当前市盈率 – 历史最低市盈率）／（历史最高市盈率 – 历史最低市盈率）。纵向估值比较法一样需要修正，只不过横向估值比较法修正的是目标企业与对标企业之间的差异，而纵向估值比较法修正的是目标企业的现在与历史之间的差异。知人者智，自知者明，采用纵向估值比较法的难度并不比横向估值比较法更低。

虽然这三种方法都会有不小的偏差，且由于投资者的经验和认识不同，也会加大偏离程度，但这些方法毕竟还在一个合理的思维框架内，对投资有一定的指导作用。不管使用哪一种方法，最重要的都是推导过程本身，而不是那个有太多"假设"的结果。

而有些投资者对估值背后影响因素的研究并不深入，只是通过简单对比，看到了所谓的低估值股票，就处于一种美好的幻想中，买入后便开始守株待兔般地苦苦期盼。可有时等来的，却是股价越跌估值越高的尴尬局面。机械套用这种对估值方法，还不如有清晰认识的投机，因为投资者会以为自己是在做价值投资，遇到问题的时候更加难以变通。怀着错误的信念，执行力越坚决，南辕北辙式的伤害就会越大。

股价是由业绩和估值共同作用来确定的，业绩具有一定的确定性和标尺性，其变化如同雪地里的车辙，总是有迹可循的。估值则明显会受到市场情绪的影响，而市场情绪又经常是跳跃的，我们只可以看到一个痕迹，但下一个痕迹在哪，无人知道。

无数人在寻求一个"合理估值"，但市场情绪会合理吗？50倍市盈率的贵州茅台被高估了吗？5倍市盈率的融创中国被低估了吗？就估值谈估值，我们很容易掉到一些研报式的思维里：股价涨一点，估值就加高一点。在估值没下跌之前，都是合理的；在估值下跌之后，都是不合理的。这种思维，会被市场嘲笑的。

什么是估值？就是估算出来的价值。什么是估算？就是大致推算。

虽然这里面没有绝对的确定性，但有估值总比没估值好，大致的推算也比凭空想象好。估值更多是作为一种动态数据而存在的，是一种参照物，当企业的经营发生变化的时候，参照估值，可以明白当前的股价是被相对高估还是相对低估。

估值往往会与企业的护城河联系在一起，有些人认为一只股票有高估值是合理的，因为它的护城河够宽，自然该享受更高的估值。但企业的护城河真是那么容易出现的吗？很多堡垒看起来坚不可摧，但在现实中却如同马奇诺防线。更何况，很多人心目中的护城河，就是股价涨得比较多。

研究一个企业的护城河，最简单的方法就是把它去掉，看看其对行业有多大影响。把华为去掉，国产手机的形象会一落千丈；把茅台去掉，整个白酒业的地位都会下滑。而去掉某某榨菜、某某酱油，有些人刚开始会不习惯，但很快就会习惯其他品牌。高估值的股票有很多，但大部分企业的护城河都不宽，一旦基本面出现异动，后期的风险就会加倍放大。

过去20年，市场上出现过一些大牛股，能够长期保持增长态势。有人把这些股票当成"穿越牛熊"的典范，并经常将其与周期股来对比。其实万物皆有周期，没有哪个企业真的可以长盛不衰，永远没有低谷。即便是贵州茅台，也一样有过股价连续七年徘徊不前的时候，当前比较活跃的投资者，有多少人的股龄都没到七年。这些高估值的长牛股票，某种程度已经让人习惯了它们的估值水准，这在纵向估值比较法中，会让投资者找到估值继续保持高位的充分理由。

单就估值本身而言，除非是极端的低估值（这也是一种市场情绪化泛滥的表现），一般来说估值越高，市场情绪化的因素就越多。而这种情绪化往往会有社会性背景，有些在股市里，有些在股市外。当这种市场情绪出现逆转的时候，原有的高估值就会变成巨大的负担，即便有很多利好释放，一样难以遏制下跌势头。

贵州茅台在2007年的收盘价（前复权）为141.08元，之后数年虽有突破但总是会跌下来，直到2015年1月之后，才彻底告别了140元区间。2007年，贵州茅台的归母净利润是28.31亿元，2014年的归母净利润是153.5亿元，增长了5.42倍，期间没有一年是下跌的。这么好的业绩，股价却没涨，为什么呢？因为2007年收盘的时候，贵州茅台的市盈率（TTM）超过100倍，而2014年则回到了20倍以下。

当年贵州茅台的股价低迷，有"塑化剂"事件和遏制公款消费等因素的影响，但在利润持续保持增长的背景下，这些不利因素只是会导致股价下跌，跌多少和跌多久，那就是原有估值决定的了。这可是贵州茅台，全世界最好的赛道，唯一一个营业收入是自己计划出来的市场主体。人们都羡慕过去几年持有贵州茅台的投资者，但那七年他们是怎么过来的呢？

其他股票呢？谁有比贵州茅台更好的赛道，谁的产品比贵州茅台还供不应求？并不是说，任何企业的估值都不能超过贵州茅台，但我们一定要清醒地认识到，估值有时候就像煮青蛙的温水，当我们习惯一个数值的时候，认为这很"合理"的时候，那就是最危险的时候。

大家都在追求"合理估值"，但一个没有标准的问题，永远不会有完美的答案。在业绩持续增长的前提下，估值的本质是投资者对时间的承受能力。有的人觉得一年很长，有的人觉得三年很短，那么所谓"合理估值"的内涵，也就因人而异了。

继续看贵州茅台，从2015—2019年，茅台企业的归母净利润从155.03亿元增长到412.06亿元，增长了2.66倍，年均增长27.7%。但随着价格和基酒产能增速的受控，近两年的净利润增速明显放慢了，2019年为17.05%，2020年上半年又降到了13.29%。

而其市盈率（2015年收盘到2020年9月）却是从17.04增长到50.58，增长了2.97倍。可见茅台2015年以来高达11倍的股价增长中，估值的提升起到了至关重要的作用。

如果50倍市盈率的贵州茅台是合理的，那它以后的估值还会有多大的提升空间？如果茅台以后的估值不涨也不跌，只靠净利润的增速来推动，其以后的股价增速会是多快？茅台后期还是有变数的，提价和增产都能够迅速提升市值，这是很多投资者持仓或者买入的理由。但仅就估值提升能力而言，最好的茅台已经成为历史了，除非后面有系统性风险，让我们还可以买到20多倍市盈率的茅台股票。

过去五年里，贵州茅台的股价涨幅巨大，但能长期持有茅台股票的人，很多却是对预期收益率要求不高的。即便是估值高企，PEG已经接近于4，但超强的确定性，让一些投资者愿意为此付出时间的代价。他们认为即便后面杀估值，最多是延长一些持仓时间，股价早晚会随着业绩的增长而不断创出新高。

也有一些人，面对放慢的利润增速和处于历史高位的市盈率，选择了离开。这也无可厚非，市场上还有很多值得投资的股票，它们的涨幅也许这几年并没有贵州茅台那么大，但按照自己的原则做出的投资，永远都是正确的。股价总会涨涨跌跌，原则必须雷打不动。没有原则，得到的也会失去；有原则，失去的总会回来，这都是对时间的理解。

很多事都因人而异。有时候，所谓的合理不过是一种情绪，带有太多主观色彩。哪种模式更好，不取决于最后的股价，而取决于投资者是否坚守了自己的原则。能量是守恒的，有强就有弱，有弱就有强。在具备了一定的投资知识以后，投资者的亏损，基本上都与背弃自己的原则有关。原则是让我们能够保持平衡的最重要的东西，远离原则的投资就是彻头彻尾的投机，有时候甚至连投机都算不上，干脆就是一场赌博。

就个人投资者而言，我更喜欢那些确定性明显的东西，尽可能把市场情绪的因素弱化，去寻找相对不变的标尺，那就是安全边际。相比很多人追求的"合理估值",我的安全边际可能并不"合理",但作为一个信息和专业能力都处于绝对弱势的个人投资者,它会让我更安全。

超过这个安全边际,时间成本会被放大到我所不愿承受的程度,那么就需要卖出或者不买入。至于后面股价会不会翻倍,对我来说并不重要,我已经赚到了我该赚的钱。因为这个原则,我在贵州茅台上确实少赚了很多钱,但也因此在别的标的上少亏了很多,结果是平衡的。

与"合理估值"相似,安全边际也不是一个简单的公式或者模型,它是一种思维模式,会随着市场的演变和企业的发展而不断变化。应无所住,而生其心,安全边际是动态的,谁拘泥于某一个点的成功,希望能够不断复制,谁就有可能在后面的投资中遭遇陷阱。

我没有公式或者指标提供给大家,但安全边际是有加分项和减分项的,在投资者根据自己对股票的理解设定好基数后,应用这些加分项和减分项,属于你的安全边际自然就形成了。这里需要提醒的是,安全边际只能是你自己专属的,套用别人的标准,这只股票就很难达到你的预期。

A:加分项

1. 持续研究过五年以上的股票。

2. 过去十年,业绩在80%的时间里保持上升,没有超过30%以上的增幅回撤(不计2020年新冠肺炎疫情的影响)。

3. 行业处于明显上升阶段。

4. 有值得信赖的管理层。

5. 有自主定价权和提价权。

6. 行业中的绝对龙头企业。

7. 自己工作过的行业或者企业。

8. 与 GDP 增长保持同方向的行业。

9. 大盘处于稳定的上升趋势。

10. 未来三年,有明确的增长利好因素。

B:减分项

1. 研究时间不超过两年的企业。

2. 业绩波动幅度较大的企业,尤其是业绩增幅曾下跌超过 50% 的企业。

3. 管理层做过明显损害小股东利益的操作。

4. 题材大于行动的概念股。

5. 行业已经过了快速发展期。

6. 过去五年,出现过意外大幅减值。

7. 大盘处于明显的下行趋势。

8. 核心产品被新技术取代的可能性较大。

9. 非主营业务投入较多。

10. 现金流受制于上下游单位。

11. 产品本身有一定的不确定性。

12. 对单一客户过于依赖。

13. 公司业务模式太复杂,需要长期监测细节数据。

14. 财务报表透明度较低。

弱水三千,不止一瓢。知道该放弃什么,就与遇见好投资的距离不远了。如果认为上面的条目太多,那么我们至少应该记住

下面这三句话:
1. 低估值股票,好业绩就是安全边际。
2. 高估值股票,有高业绩匹配,这也是安全边际。
3. 高估值股票,没有相应业绩配合,不买就是安全边际。

第三节 地产股的结利特点

由于房屋的建造需要一个周期(大部分住宅在2~3年),而我国的房屋销售基本以预售为主,所以地产项目的利润确认和很多行业不同。项目当期的预售收入是不能计算为营业收入的,产生的利润自然也不能计入当期的利润表中。只有当项目竣工或者房屋交付给购房人的时候,才能对过往的营业收入或者利润进行结算。

对大部分公司来说,结利都是以三四季度为主,尤其是四季度比较集中,这是为什么呢?

1. 因为春节或者天气寒冷(北方)等因素,导致一二月开工的项目是全年最少的,项目往往会累积到三四月启动,这样楼盘的强销期就是在下半年了,尤其是在四季度(为冲业绩,这是全年货量最多、折扣最大、成交最集中的阶段)。两年施工期后交房,时间还是在三四季度。

2. 商品房交房周期较长,在实际销售中,客户希望这个周期越短越好。如果不能在四季度交房,就会一下子延期二三个月,这是对销售不利的,也会加大施工费用。所以开发单位一般都会抢在元旦前交付,既有利于销售,又可以降低成本。

3. 客户在四季度收房后,考虑到天气因素和人工问题,一般都会等到春天再装修。除了上下水、强弱电、透寒、漏雨等，在北方房屋还有供暖设施，装修前的这段时间如果房屋出现问题，会比较容易修复，对客户和开发商来说都是件好事。

4. 现在很多开发商在做项目团队最终评定时，是要充分考虑客户满意度的，除了销售业绩是否如期完成，交房后的客户满意度也是最终考核的标准之一（我有一个合作项目，房子卖得很好，但交房后客户不满意，认为置业顾问曾经有销售误导，导致整个团队当年的奖金全被取消了）。所以抢在年底前交房，有利于在团队考核中加分，能第一时间拿到更多团队奖金。

5. 结利与交房的时间密切相关，但早几个月、晚几个月完全是由开发商自己掌握的。把利润留在手里，需要就放进当年的年报，不需要就放到第二年，让营收和利润曲线更加平滑，这些技巧都是财务基本功，就不多说了。

以上是正常情况下的结利时间考虑，但也有些公司会有意拖延结利时间，借此缓交应缴税款，此类公司实际现金流往往不会像报表上那么好看，这是需要大家留意的。

第四节　价值观决定价值

对于价值投资者，最重要的就是要看清楚企业的价值，而企业的价值是由什么决定的呢？在具备了一定的专业能力和业务规模之后，企业经营就不再是一个抽象的概念，而是一个非常具体的形象，这个形象基本上就等同于实控人的自身。**可以说，一个企业的最高领导者决定了企业的核心价值。**

举几个大家熟悉的房企做例子，从中可以看出来，领导者的风格基本上就是企业的风格。2019年,销售规模最大的四家房企是碧桂园、万科、恒大、融创,这四家公司都是流量金额超过5000亿元的超大型企业,但企业的风格却是完全不同的。

万科在过去20多年里,一直都是中国房地产业的一面旗帜,甚至也是中国非国有企业(尽管万科出身于国企,现在又回归国企,但其大部分时间内,都是一个没有实控人的混合所有制企业)的标杆。曾经的万科,它的企业形象就是创始人王石的样子。一个敢于直言,敢于实践,敢于为天下先的清癯长者,一个引领业界20多年的企业家,一个爬上过珠穆朗玛峰的超人,一个总是出现在广告中的商界领袖。但那是曾经的万科,在后王石时代,万科的形象就有些不那么鲜明了。

碧桂园与恒大的开发风格有些相似,现在的销售规模也相差不多。两家公司最大的区别在老板的风格上,碧桂园的老板杨国强是农民出身,做事风格比较朴素,脚踏实地,口号少行动快。即便是多元化,搞得也是现代农业和建筑机器人,都在自己的能力圈范围内。2016年碧桂园的权益金额比恒大少1/3,现在基本已经平起平坐了,这几年碧桂园的发展明显比恒大更快。

恒大的老板许家印是工人出身,视野广阔、有魄力、敢想敢干。但布局太大,有些难免会超出自己的能力圈太多,引起外界更多质疑。恒大2019年以来的股价表现不佳,部分原因在于造车不被市场认可,毕竟汽车界过去几十年中,豪车品牌只出了特斯拉这一个,而中低端车型赚的都是辛苦钱,即便成功,短期内的利润也很难和地产相比。也许恒大造车会成功,但要买恒大的股票,大部分人至少先要看到恒驰汽车形成量产才行。

融创的老板孙宏斌是地产圈里著名的语言大师,股东大会经常变成单口相声表演专场。要讲学历，毕业于清华大学的孙宏斌可是地产行业里的翘楚，虽然他的语言风格很接地气，但言语之中的深意却一点都不流俗，深得中国传统文化的真谛。孙宏斌最大的标签就是"厚道"，别人可以学到融创的一切，但没人愿意学孙宏斌的"吃亏"。在绿城和佳兆业的并购中，融创看起来都是吃亏的，帮人渡过了难关，自己却白白耗费了巨大的管理精力和资金成本。但由此奠定的口碑，才让融创捡到了万达和云南城投这些大馅饼。后其身而身先，老孙把"吃亏是福"这句话体现得淋漓尽致，看起来融创这么多年吃了很多亏，但10年间其企业市值却增长了20多倍。

四大房企都是优秀的企业，携手创造了中国房地产业的全面盛世，以上评述并无分个高低上下之意，只是提醒大家在选股的时候，除了要看明白、算清楚各种数据，更要明白这个企业的价值观是什么，领导者的价值观直接决定了企业的长期价值。

第五节　地产股的估值要"三生有幸"

每到一年之初，投资者最关心的就是各家企业的年报，对房企来说年报当然也很重要，但与大多数上市公司比较，房企的年报中最重要的并不是利润增速。由于房屋预售机制导致了合同负债的存在，房企的当年利润大致在两三年前就已经基本确定，变数只是在结算数量和净利润率上。

近几年，地产行业整体上的竣工增速明显低于销售增速，各家房企已销售但未结算的数量也相对偏大，这给年报利润带来了很大的不确定性，也给房企在平滑利润曲线的时候带来了很多操作空间。但肉烂在锅里，该进账的钱早晚都是要体现的，所以对地产股的当年利润变化，市场反应并不是非常明显，今年多了就意味着明年少了，今年少了就意味着明年多了，朝三暮四和朝四暮三的区别就不要太在意了。

如果说利润是一个事先张扬的透支利好，大部分已经反映在当前股价上，那么对房企来说最大的变数就是即时销售数据了。我们看到利润表出来的时候，不管多么阳光灿烂都要冷静，最需要谨慎对待的其实是企业每月的销售公告。

地产开发是与银行、保险相似的高杠杆行业，各家企业的资产负债率基本都保持在70%~90%，而且还普遍存在着明股实债和表外负债等隐性债务，具体数据即便是公司高管也不完全清楚。作为投资者，我们再怎么努力也不可能真正掌握房企的资金风险情况，能做的就是根据每年企业公布的年度销售目标，来评估当月的销售进度是否能保证全年任务如期完成。

过往储备的利润高，当前销售进度快，仍然只代表了房企之前的销售和开发工作表现优秀，我们在欣赏这两点的时候，也要对企业的土地储备情况格外关注。地产商，首要的就是"地"，一个再优秀的企业没有了"地"，就成了"无米之炊"的巧妇，有天大的本事都无从发挥。

土储多虽是好事，但也要看其购置成本和分布状况。就当前的楼市状况来看，一线城市的可开发用地越来越少，市场的主力是以省会为核心的二线龙头城市，在一二线城市的主城区或者主力发展区的土地储备，是最好的优质资产，自然是多多益善。而远离主要城区，甚至分布在城市远郊的土储，后期销售压力会相对较大，含金量就会打些折扣。对于主要土储位于三四线城市的房企来说，由于对市场景气度的依赖比较严重，且近两年的新购置土地提供的利润率较低，只能通过高周转来实现利润和规避市场风险，对开发和销售的压力就大很多了。

土储多是好事，但太多的土储也会产生过多的资金沉淀，这对高负债行业来说并不是最有利的。**一般来说，土储产生的未来货值与当年销售金额保持在五倍左右是比较适宜的，少了会影响未来几年的销售增速，多了会影响资金效率，加大企业的负债压力。**

过往销售业绩、当前销售进度和未来可开发土储数量，这三者结合在一起，才能看清楚一只地产股的前世、今生和未来。选地产股，一定要"三生有幸"。

第六节 怎样才能提升地产股的估值

2020年年报中，各家房企暴露出来的大部分问题都是有共性的，这与过去几年市场的变化直接相关，未来几年这种共性还会存在。但面对相似的市场变化，由于各家企业自身的资源和背景不同，导致所体现出来的状态也大不相同，市场分化正越来越明显。实际上，就房地产发展趋势而言，未来行业整体机会已经很小了，绝大部分地产股的投资价值都不大，但其中优秀企业的发展空间却会进一步提升，优秀地产股的成长机会更是会大大超越过去三年，这也是现在持有地产股的主要逻辑。

从整个大格局上来看，未来核心城市的优质土地数量日益减少仍是难以被改变的局面，保障性住房的占比不断提升也是可以预见的。商品房成交额整体增速下滑，甚至在几年内筑顶，然后平缓下降是一个明显的趋势。在经过了持续 20 多年的增量时代之后，我们将迎来商品房的存量时代甚至是负增量时代。承认这个前提，是我们正确判断地产开发未来的首要条件。在这个大洗礼中，会有越来越多的企业退出开发领域，其中会有很多我们熟悉的名字。

不管是针对房企的"三道红线"政策，对银行的"两道红线"政策还是对地方的"两集中"政策，实质上都是在把现有资源进行固化。从大致层级上来看，现有的房企格局基本定型，尤其是少数巨头会进一步提升自己的规模，3~5 年时间内，行业中出现两三家万亿元级别的企业是大概率。而与之相伴的，则是少数企业会掉队，这里既有跟不上节奏的客观因素，也有知难而退的主观动机。

过去几年房企的发展是"大鱼吃小鱼"的过程，从现在开始进入"大鱼吃大鱼"的进程。行业整体上已经不会再有黄金时代了，但企业的机会反而会不断提升。也就是说，地产开发的行业性机会在日益减少，但巨头房企的机会会随着行业利润率的逐步回升，即将开始进入收获期。

经过 2019 年地产股的全面爆发之后，2020 年的地产股整体走势低迷，这是受 2018 年左右低毛利房源结算的直接影响。但从 2020 年下半年开始，有两家房企的股价却先后摆脱了行业整体下降趋势，这就是龙湖集团和新城控股。究其根源，龙湖集团是因为在房企阵营中，一直保持着良好的财务风格，是 2020 年全投资级房企中唯一一家获两家国际机构调升评级/展望的企业，这是其股价在内房股最惨烈的下跌中，反而逆市上涨了近 50% 的核心原因之一。同理，新城控股 2021 年以来上涨了 36%，主要驱动因素是 1 月下旬穆迪将其企业家族评级（CFR）从"Ba2"调升至"Ba1"。

从这两家企业的逆市表现可以看出，当前地产股的主要股价压力还是来自于财务风险。过去几年，市场处于住宅开发大跃进状态，大部分房企都在全力加杠杆，这是资本市场所担心的，尤其是在港股上市的内房股，其估值与业绩增速不匹配已经广泛存在。

从 2020 年的年报中可以看出，虽然受到结算房源的影响，房企整体上处于增收不增利的局面，但各家的负债情况已经有了很大好转。预计 2021 年，大部分房企都将迎来评级上调的过程，而结算房源的毛利率也会有一定程度的提升，这是当年乃至未来数年房企股价提升的重要驱动力。

2020 年房企的年报中藏了太多问题，有些没有那么好，有些则没有那么差。穿透表面数据，投资者重点还是要看企业的整体负债情况和未来成长逻辑。以后，很难再现 2019 年那种地产股集体爆发的局面，但摆脱了财务问题后还能保持快速增长的企业，反转只是时间问题了。

第八章 典型企业的价值投资逻辑

第一节　在争议中成长的牧原股份

牧原股份成立于1992年，于2014年上市，其养猪业务遍及全国24个省级行政区、100个市、211个县（区），至2021年5月拥有职工15万余人。其主要产品为仔猪、种猪和商品猪。经过20多年的发展和积累，公司形成了以"自育、自繁、自养大规模一体化"为特色的生猪养殖模式，集科研、饲料加工、生猪育种、种猪扩繁、商品猪饲养、生猪屠宰为一体的生猪产业链。

2020年，牧原股份实现了生猪出栏1811.5万头，其中商品猪1152.4万头，仔猪594.8万头，种猪64.3万头，全年实现营业收入562.77亿元，同比增长178.31%，实现净利润303.75亿元，同比增长379.37%。从营业收入构成来看，公司专注于生猪养殖，生猪业务占营业收入的比例一直保持在95%以上。截至2020年底，公司能繁母猪存栏262.4万头，后备母猪存栏131.9万头，种猪总存栏合计394.3万头，预计公司2021年出栏量有望达到4000万头左右。市场占有率将持续提升，继续保持行业第一。

2020年，牧原股份的业绩大增，主要是"价格维持高位，数量显著增长"。受非洲猪瘟疫情的持续影响，2020年的生猪市场供应偏紧，生猪销售价格维持高位波动，与上年同期相比涨幅较大；同时随着公司前期建设的产能被逐步释放，生猪出栏量比上年同期显著增长。简单来说，就是在猪价高涨的时候，公司的供应量充足。这句话说起来简单，但做到并不容易。非洲猪瘟至今还没有疫苗可以有效防治，高猪价就是因为各家猪养得不够好,没有充分的出栏量可以保证,牧原股份能在特殊时期大量出栏,是公司长期积累的技术、经验和有效管理的结果。

由于牧原股份在 2020 年猪价高企阶段,各项业务指标和财务指标一直明显好于同行,受到了不少人的质疑。对牧原股份的分析,有利于增强我们对周期性行业的认识,其优势的形成与未来可能遇到的问题,具有很好的典型意义。

一、与同行相比,牧原股份的优势所在

牧原股份在生产和经营上的优势,主要表现在以下九个方面。

1. 食品安全优势

公司饲料自产自用,在原料采购、加工生产、运输等环节均制定了高质量标准,严格控制饲料品质,在满足公司仔猪、种猪、商品猪饲养需求的同时,从源头上加强食品安全控制。

2. 疫病防控优势

一体化经营模式为公司实施标准化疫病防控措施奠定了基础。公司拥有近 30 年的生猪养殖及疫病防控经验,在内部建立了完整的疫病防控管理体系。

3. 成本控制优势

公司当前的经营模式具备集中采购优势,可减少中间环节交易成本,稳定控制整个生产流程,增强公司抵抗市场风险的能力。

4. 标准化生产和规模化经营优势

公司实现各生产环节的规范化、标准化，确保同一批次出栏生猪品质在统一标准范围内。在此基础上，公司实现规模化经营，降低公司单位产品生产成本，提高公司综合生产经营能力。

5. 智能化现代猪舍优势

采用智能化现代猪舍能够减少劳动力投入，提高生产效率。公司开发出了生猪产业全过程追溯技术体系，助推传统生猪产业向智慧产业转型升级。同时升级猪舍规划布局，实现对猪群的吃住行进行全方位把控，减少人畜接触，提升全程疾病防控能力。

6. 生猪育种优势

公司通过近 30 年选育与培育，形成了遗传性能稳定、一致性好、适应性强、综合效益好的种猪集群，建立了遗传性能稳定、杂交优势明显的"轮回二元育种体系"。这为公司快速发展奠定基础，为种猪供应、生猪产能恢复提供了有力支撑。

7. 营养技术优势

公司根据原材料性价比及时调整饲料配方，有效降低饲料成本的同时，保证饲料品质和营养精准供给，为猪群提供最适营养，保障猪群健康。

8. 原粮采购优势

公司围绕粮食产区进行供应链布局,提高公司对产区粮源品质的管控能力。同时开拓全球采购渠道,根据粮食市场行情变化趋势进行不同品种间的原料置换,降低采购成本。依托牧原物流的专业团队,实现点到点运输成本下浮,降低整体原料采购成本。

9. 生产管理优势

公司对饲料加工、种猪选育、种猪扩繁、商品猪饲养等业务环节各项生产流程制定了一系列标准化制度和技术规范,建立了统一的工业化生产体系,推动了养殖技术的进步,提高了养殖生产效率。

二、牧原股份的超高毛利率从何而来

牧原股份有一个长期引起较大争议的话题,就是毛利率大幅超越同行,从表8-1中可以看出,2020年1~6月的时候,牧原股份的毛利率高达63.27%,比行业内几家主要养猪企业都要高出很多。

表8-1 养猪企业毛利率比较

公司名称	2020年1~9月	2020年1~6月	2019年	2018年	2017年
温氏股份	未披露	38.39%	28.84%	12.32%	24.80%
新希望	未披露	42.60%	38.53%	16.23%	23.05%
正邦科技	未披露	35.72%	20.65%	7.93%	14.41%
天邦股份	未披露	54.06%	11.89%	6.57%	8.73%
牧原股份	65.91%	63.27%	37.05%	9.83%	30.03%

一般来说，这种情况是比较罕见的，尤其是对那些觉得养猪没有什么技术含量的人来说，更是难以理解。其实这里面有一个很大的误区，与牧原股份相比，其他公司的非猪业务占比相对较大，温氏股份包括肉鸡养殖等、新希望包括饲料业务和禽业养殖等、正邦科技和天邦股份包括饲料业务等，这直接导致在养猪行业的上行周期中，这几家企业无法充分享受市场的红利。

从表8-2中我们可以非常清晰地看出各家营收中的"含猪量"。牧原股份专注于养猪，养猪业务的营收占比超过了98%，在市场上升阶段，所得到的收益自然是最大的。

另外，毛利率的巨大差异也是各家公司饲养模式的不同，在非洲猪瘟影响下的客观反映。长期以来，我国生猪养殖业是以散养为主的，"根据《中国畜牧兽医年鉴》统计，2017年，年出栏生猪5万头以上的养殖户为407家，仅占总养殖户数的0.0011%，占比非常低。"2020年A股上市企业生猪出栏量居前的五家企业（牧原股份、正邦科技、温氏股份、新希望、天邦股份）合计出栏4859.05万头，占全国生猪总出栏量的份额只有9.22%，行业集中度还处于较低的状况。

表8-2　生猪养殖业务收入占营业收入的比例

公司名称	2020年1~9月	2019年	2018年	2017年
温氏股份	54.52%	57.18%	58.99%	62.97%
新希望	19.99%	9.12%	4.67%	4.03%
正邦科技	69.64%	46.42%	34.49%	26.74%
天邦股份	82.05%	73.98%	62.01%	73.03%
牧原股份	98.11%	97.06%	99.05%	99.18%

这五家企业中，除了牧原股份外，其他四家都有"公司+农

户"的代养模式,在非洲猪瘟的影响下,种猪和仔猪的死淘率偏高,都出现了不同程度的"猪荒"。牧原股份近年来一直在销售种猪和仔猪给同行,以2019年及2020年1~9月,同行业可比公司向公司采购的种猪和仔猪情况为例。

根据表8-3可见,2019年及2020年1~9月,同行业可比公司向公司采购的仔猪价格均较上年同期显著提升。2019年,公司对同行业可比公司的仔猪销售均价为1201.44元/头,较2018年的387.94元/头大幅增长209.70%;2020年1~9月,公司对同行业可比公司的仔猪销售均价为1985.49元/头,较2019年1~9月的1031.34元/头大幅增长92.52%。可以说其他家养猪企业的成本,就是牧原股份的收入,其整体成本和后期的利润空间自然就与前者有很大差距。

表8-3 种猪和仔猪采购情况

产品类型	公司名称	2020年1~9月比2019年1~9月				2019年比2018年			
		2020年1~9月		2019年1~9月		2019年		2018年	
		数量(万头)	销售均价(元/头)	数量(万头)	销售均价(元/头)	数量(万头)	销售均价(元/头)	数量(万头)	销售均价(元/头)
种猪	天邦股份	3.99	6229.21	—	—	—	—	—	—
	正邦科技	22.97	5565.07	—	—	—	—	—	—
	新希望	5.03	6343.91	—	—	1.20	6409.33	—	—
	温氏股份	14.93	5839.44	—	—	—	—	—	—
仔猪	天邦股份	28.62	2039.11	3.00	1129.49	3.72	1272.69	0.05	351.87
	正邦科技	72.50	2027.98	3.87	780.35	3.26	795.19	2.84	369.54
	新希望	85.38	1975.92	32.61	1052.13	42.15	1233.2	3.97	401.59
	温氏股份	39.69	1889.77	—	—	—	—	—	—

了解了各公司的业务结构，又了解了其生产成本的结构之后，我们就不难发现，牧原股份作为专注养猪的企业，作为全行业的种猪和仔猪供应商，其毛利率明显高于同行是很正常的。事实上，到了 2021 年 5 月，生猪价格持续下跌，每公斤已经低于 19 元，行业整体上处于盈亏线附近，不少企业已经开始出现亏损。而牧原股份的完全成本在 16 元每公斤，还是有一定盈利的。等到 2021 年各家养猪企业的年中报出来，毛利率之间的差异恐怕会进一步加大，这是正常现象，不足为奇。

三、 怎样判断牧原股份数据的真实性

2021 年前 4 个月，牧原股份的出栏量达到了 1086.5 万头，超过了行业排名第二到第四（正邦科技、新希望和温氏股份）的总和。这也是让有些人质疑的地方，牧原股份凭什么有这么大的优势，是不是出栏量造假了？针对这个问题，我们可以提出几个反问来论证。

1. 如果牧原股份的数据是假的，那 2020 年前三个季度，卖给各大猪企的 46.92 万头种猪和 226.19 万头仔猪从哪里来，是天邦股份、正邦科技、新希望和温氏股份一起在帮牧原股份造假吗？

2. 如果这几家大型猪企都造假，那现在的猪价是靠谁降下来的？

3. 牧原股份在一年多的时间，员工总数就增长了 10 万人，是 2019 年底的两倍，如果猪场的数据都是假的，为什么要招这么多人呢？

4. 牧原股份在各地的新建猪场，各地方政府都有公开的环境影响评价报告，网上很容易查到，很多工期进展也有披露，也都是帮牧原股份造假的吗？

我一直在关注牧原股份的出栏量和新建产能。猪场的分布都是远离人群密集区的，比较偏远，难以一一实地调研，但除了卖给同行的种猪和仔猪，以及新员工总数外，我们还是有一些方式来佐证的。

1. 行业监管

猪肉与普通食品在经济大环境中的地位是不一样的，属于战略储备粮，而且猪价对 CPI 的影响是非常直接的，关联着国家的货币政策。所以发改委对猪价是每日监测的，对养猪数据也定期统计。农业农村部畜牧兽医局二级巡视员辛国昌说道："现在全国只要是年出栏够 500 头这种规模的养猪场，都进入了我们的直联直报系统，每个月进行一次生产统计，我们一共有 15 项指标，直接就可以监测到它的产能变化，不用再用猪粮比价来间接推断是增养还是少养，这在一定程度上能够增强我们预警的及时性和准确性。"

2021 年以来，由于生猪的大量出栏，猪价从 36 元/公斤跌到了 18 元/公斤，跌幅达到 50%。如果牧原股份的养猪数据有假，卖给同行的种猪和仔猪数据也有水分，那么全市场的供应量都会大打折扣，猪价怎么会在短短一个季度的时间里下跌这么多呢？全国第一大养猪企业一定会被重点关注，尤其是 2020 年那个全面缺猪的时段，其上报给主管部门的数据怎么敢大面积造假？

2. 地方政府背书

有人针对牧原股份大量新建的猪舍提出质疑，认为这些工程很多都是不存在的，只是一个圈钱的借口。了解工程审批流程的人应该清楚，一个大型施工项目，在开工之前是要地方政府审批的，而且必须要出具环境影响评价报告，完工后还要有竣工验收报告，这是任何项目都不能少的流程（见图8-1）。

图8-1 牧原股份官网工程项目介绍

在牧原股份的官网上，我们可以找到各个开工项目的公示资料，有些过了公示期链接会失效，但仍然可以在地方政府的网站上通过项目名称找到相关资料，以下是部分内容（见图8-2）。

第八章 典型企业的价值投资逻辑

和住宅开发项目一样,环境影响评价报告是必须要在网上公示的,如果大家对其中哪些项目有异议,可以到当地的政府网站上查询一下,里面关于项目的体量、用途等都有详细阐述,这是最正规的项目流程,做不得假。

图 8-2 地方政府网站工程项目介绍

四、价格下行周期，周期股有没有投资价值

猪周期一般是四年一轮回，在猪价下行周期，对养猪企业的影响当然是很大的。事实上，在 2021 年 5 月，生猪价格跌破 20 元/公斤的时候，各家养猪企业已经开始出现大面积亏损。牧原股份由于规模扩张太快，员工总数从 2020 年初的 5 万多人增长到 2021 年 5 月的 15 万人，养猪效率上受到了一定影响，死淘率明显上升，加上饲料价格上涨，2021 年一季度的完全成本也达到了 16 元/公斤。

猪周期就是出栏量与猪价之间的敏感性变化周期。猪价上涨引起养殖量大增，随之出栏量的增加又会导致供过于求，猪价开始出现回落，养殖量也因此出现下降，重新推动猪价上涨，这是一个完整的周期。从目前各主要企业的产能和出栏情况来看，35 元/公斤的生猪价格短期内已经很难见到了。行业普遍观点是，2022 年将迎来本轮猪周期的价格低点。那么，在猪价的下行周期，牧原股份是不是就没有投资价值了呢？

在 2016 年初到 2019 年初，猪价跌幅达到了 46%，但牧原股份的股价仍然上涨了 154%，考虑到同期沪深 300 指数只上涨了 10% 左右，这个投资回报率已经很可观了（见图 8-3）。

上个猪价下行周期，牧原的股价之所以能逆势而上，主要是以量补价，依靠出栏增速，保持了营收和利润的增长（见图 8-4）。

2021 年上半年的生猪价格回调，从各主要企业的种猪和仔猪存栏情况和成本状况来看，很难有特别大的跌幅，毕竟现在粮价的上涨幅度较大，相比两年前每公斤成本大约要提升 1.5 元左

右,防疫成本每公斤也要增加 0.5 元左右。就 2021 年的整体形势而言,这些成本还有进一步提升的可能。随着产能的释放和养猪效率的回升,牧原股份预计年内会将成本降到 14 元/公斤左右,这在行业内已经是非常低的了。

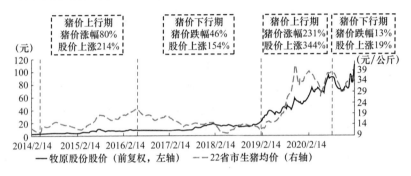

图 8-3 历史上牧原股价与生猪价格的对比情况

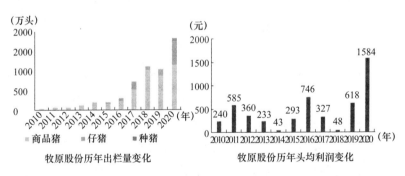

图 8-4 出栏量与头均利润变化

牧原股份 2020 年的营业收入是 562.77 亿元,净利润是 274.5 亿元,如果 2021 年其净利润增速要达到 15% 以上,则净利润为 316 亿元。在全年完全成本 15 元/公斤,出栏 4000 万头(头均 100 公斤)的前提下,有三种可能如下:

1. 如果全年生猪价格保持在 24 元/公斤左右，则牧原股份的全年净利润为 360 亿元，同比增长 31.15%。

2. 如果全年生猪价格保持在 23 元/公斤左右，则牧原股份的全年净利润为 320 亿元，同比增长 16.58%。

3. 如果全年生猪价格保持在 22 元/公斤左右，则牧原股份的全年净利润为 280 亿元。也就是说，生猪价格全年均价低于 22 元/公斤，牧原的全年净利润基本持平。

2022 年大概率会是本轮猪周期的最低点，考虑到牧原股份 2021 年底的产能会达到 8000 万头，2022 年的出栏量有机会达到 6000 万头以上，随着产能的释放和扩张速度的放缓，完全成本也可以继续降低到 13 元/公斤。从行业整体养殖成本和出栏预期来看，生猪价格最低点可能会达到 15 元/公斤，全年均价可能会在 18~20 元/公斤（这大致是行业目前的成本线），动态分析如下：

1. 如果全年生猪价格保持在 20 元/公斤左右，则牧原股份的全年净利润为 420 亿元，同比 2020 年增长 53.01%。

2. 如果全年生猪价格保持在 19 元/公斤左右，则牧原股份的全年净利润为 360 亿元，同比 2020 年增长 31.15%。

3. 如果全年生猪价格保持在 18 元/公斤左右，则牧原股份的全年净利润为 300 亿元，同比 2020 年增长 9.29%。也就是说，如果生猪价格 2021 年全年均价低于 18 元/公斤，牧原股份未来两年的利润增长大致归零。

以上分析中，成本、出栏数量和生猪价格都是变量，所代入的数据是根据 2021 年上半年的情况所做的常规推算。这一数据会受到防疫、牧原出栏量、牧原完全成本、行业总体出栏量、行业平均成本、饲料价格、产业政策等多方面的影响。每个月，牧原股份都会公布数据，投资者可以动态监测，根据具体指标的变化，来做相应的投资判断。相对而言，投资牧原股份是个明账，所有的变量每个月都会有数据予以证实，这比一些企业到披露年报时，投资者才能搞清楚大量的经营细节要更有时效性。

以上测算考虑的是行业进入最低谷时候的公司净利润情况，两年后行业如果重新进入上升阶段，公司收益大概率会有较大增长，这是对投资者在底部坚持的回报。但对周期股来说，价格下行阶段，股价的上涨压力就会比较大，出现较大幅度的下跌也是会经常遇到的。2020 年 7~10 月，短短三个月时间内，牧原股份的股价就曾经从 99 元跌到 67 元。能否承受较大的股价波动，也是投资者需要充分考虑的。

关于牧原股份的争议有很多，很多人不了解工业化养猪，这需要投资者专门进行大量的研究工作，绝不能仅看股价变化就轻易做出判断。

周期股的敏感性普遍较高，股价波动也较大，大家看到本文的时候，有些数据应该已经滞后了，企业的基本面也可能会发生比较大的变化。投资者可以借鉴文中的研究方法进行分析，但一定要有自己的独立判断，这是投资股票的唯一依据。

第二节　以战养战的融创中国

在 A 股与港股两个市场的几百只地产股中，融创中国是独特的存在。它 2020 年的销售规模位居行业第四名，年销售额超过 5000 亿元，是名副其实的巨无霸。而过去几年，融创中国又一直保持着较高的增长速度,有着五年8.4倍的销售奇迹,兼具了价值股与成长股的特性。同时,融创中国的负债率一直居高不下,其依靠文旅产业进行勾地的模式也是广受争议。在众多房企中,融创中国具有很强的典型性,对它的详细分析,有利于我们对地产股整体进行深入理解。

一、以战养战,非常规着陆模式

2020年年报中,融创中国的数据确实靓丽,那么这份漂亮的报表是否有足够的持续性呢?让我们着眼融创中国的发展战略,看一下未来几年融创中国会以什么样的模式去发展,展现给我们的又是一个怎样的变化。

恒大、碧桂园、万科、融创中国等房企发展到今天,在综合能力上已经明显领先其他房企。加快整合步伐,从"大鱼吃小鱼"阶段逐步进入"大鱼吃大鱼"阶段,这四家企业就是这个食物链上的顶级存在。但经过了2016年之后的跨越式发展,四大阵营内部也出现了变化。融创中国的权益金额增速明显超过其他三家,2020年的权益金额超过了3800亿元,已经是2016年的4倍之多。

不管在哪个行业,实现3000亿元以上的销售额都是不容易的,即使是在很多人看来赚钱很轻松的房地产业,这个数字也只属于极少数企业。数百个项目、数万名员工、上千亿元现金、数千亿元负债和销售回款,能把这些庞大的数字管好,对企业管理能力的要求就已经非常高了。事实上,近两年恒大、碧桂园、万科的发展思路都已经有了明显的变化,节奏已经以稳为主,不再追求过快的增速了。

对万科来说,作为房地产业20多年的绝对龙头,发展脚步一直都很扎实。从指导思想来看,自从公开宣布房地产行业进入"白银时代"后,万科始终控制着自己的负债率,让自己保持着增长与安全之间的平衡。事实上,2016年和2017年的万科增长速度也不慢,但在恒大和碧桂园的全力狂奔面前,还是被超越过去,并与前两者之间的差距越来越大。

2019年,万科的权益金额甚至比2018年下降了100多亿元,这在排名前20的房企中,只有华润置地和华夏幸福与之为伍。如今的万科,考虑的是安全性,尽量追求平衡感,净负债率常年保持在30%多,不急不躁,不断增加多元化来提高永续性。

恒大和碧桂园类似,都是通过提高资金效率来快速提升销售额的典范,但最近两年,两者之间也发生了很大的变化。碧桂园已经把净负债率降到了46.3%,手握2683亿元现金,而恒大的净负债率还保持在152%(2019年中期),没有实现集团要求的降至100%以下的预期目标。面对高增长带来的管理和负债压力,万科始终保持了一贯的节奏,而碧桂园和恒大都是先快后慢,差别是碧桂园已经成功软着陆,恒大还在着陆的过程中,并出现了净利润持续下滑的硬着陆迹象,需要加大手段,维护整体安全性。

企业的发展,就像一场马拉松比赛,万科是匀速选手,从起跑到途中跑都是统一配速,只是由于坡度和风速的不同产生了区间成绩的变化;碧桂园和恒大都是前半程提速,后半程进行调整修复,争取保持住领跑优势。碧桂园目前已经调整完呼吸和体力,进入了稳定的节奏,恒大则正在努力顶住极限值,因其原先的领先优势比较大,后面的领先优势还是可以保持的。

由图 8-5 可以看出,2016—2017 年,恒大、碧桂园和融创中国基本保持了平行的上升态势,万科斜率略小。2018 年恒大和万科的斜率平缓下来,碧桂园的角度则明显加大,融创中国紧随其后。2019 年,万科出现了增长的负角度,权益金额下降,碧桂园也放缓了增速,恒大略微上升,融创中国则保持了原有的节奏。企业发展阶段的不同,和企业增长策略的不同,决定了各家公司的增长曲线。

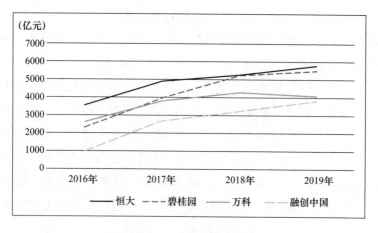

图 8-5　四大房企增长曲线

与前三强不同,融创中国始终保持了高强度的节奏,一方面是其原本的体量与恒大、碧桂园、万科相比更小,瓶颈期会来得更慢一些,另一方面也是在指导思想上有着根本的不同。恒大、碧桂园、万科在 2016 年和 2017 年的跨越式增长后,都在控制负债规模,做的是减法,通过降低分子的相对增速来降低净负债率,而融创中国做的是加法,负债规模过去几年始终保持着高位增长，但希望通过规模的增长来加大分母，以此降低净负债率。2019年底，融创中国的净负债率是172%，同比增加了23%，这是一个比较高的数字，不仅远高于碧桂园和万科，比一贯以高负债率著称的恒大还要高出不少。

房企的工程、销售、设计等都是可以通过合作单位来实现的，不计管理能力，它真正的专业主要有两项，一个是负债，另一个是土储。高负债率本身是加大危险性的，但也要看高负债率产生的原因，和潜在的应对手段是否够用。房企的负债主要就是用于购置土地，事实上大部分负债都是转化成了土储的形式，并非是被消耗掉的。

融创中国在2019年负债总额的增长，与两笔大手收购有直接关系，就是年初收购的泛海和年底收购的环球，但这两个项目带来的优质土储就足以覆盖相应债务，如果减去这两部分，融创中国的实际净负债率可以控制在130%左右。

房子从来不是核心资产，房子下面的那块地才是最核心的资产。只要地的增值超过借款利息，负债就是划算的，而且对于拥有3万亿元货值的融创中国来说，即便到了非常时期，在3223亿元的有息负债减去1257亿元现金后，还剩1966亿元，这完全可以靠出让土地的收入来覆盖，风险远没有看起来那么大。

进入2020年之后，整体利率环境大为改善，银行贷款的供应也明显增加，融创中国在负债上的一大主题就是借新还旧，用低利率的贷款尽量置换原有的高利率负债。2020年不断提前赎回一部分优先票据，就是依照这个原则执行的，2020年公司仅靠利息成本的下降，就增加了数十亿元的利润。当然，最重要的还是进一步加大分母。在外界环境不佳的背景下，融创中国虽然不把销售额当成主要追求方向，但还是在提升自己的销售规模，这份底气来自于对市场的判断，也来自于手上3万亿元的土地储备。即便总负债额度不降低，不断丰厚的净资产一样可以让净负债率迅速降下来，这就是融创中国建立在对市场和自身的充分信心上，提出的发展逻辑。

降低负债率，不管是通过降低负债总额来减小分子，还是加大所有者权益来做大分母，目标都是一致的，都是尽量让企业进入一个相对安全的状态，避免因为经济周期性调整或者行业性波动，导致企业出现经营性困难。

继万科和碧桂园之后，恒大在2019年的年报业绩会上，也明确提出了降低负债率的要求，甚至以每年减少3000亿元货值的土储为代价。如果一家房地产上市公司的年度销售额有3000亿元，它的排名可以进入行业前八了。由此可见，在万科和碧桂园之后，四大房企中一直与融创中国在负债压力上不相上下的恒大，也开始要壮士断腕了。

融创中国也明确提出要降低负债率，除了尽力保证销售目标外，还做了很多其他方面的调整，有些甚至是与过去的发展节奏不太一致的。由此也可以看出，融创中国不只是提出目标，而是切切实实要轻装前进了。

2020年伊始，融创中国便明确提出以"利润"为导向的大原则，甚至提出了"销售排名并不重要，重要的是利润和市值排名"。毕竟，所有者权益不是靠营业收入去加厚的，而是从利润中赚取的。这一方向性调整，对过去两年平均每年净增长1000亿元销售额的融创中国来说非比寻常。销售要增长，利润也要确保，这对企业的管理能力、财务能力、销售能力都是一大考验。

2020年，融创中国继续以战养战，而且给自己提出了更高的目标和标准。事实上，在2020年实现利润增厚，要比往年难度大得多，毕竟2020年结算的是2018年左右销售的项目，这些项目的土地大部分是2016年或者2017年取得的，毛利率会比2019年结算的部分更低，这是整个行业都要面临的问题，融创中国也不例外。

针对客观问题，融创中国也具备一些优势，并做了如下的方向性调整。

1. 借新还旧，降低负债成本

2020年，受全球流动性空前过剩的影响，资金又多又便宜。3月，融创中国发行的40亿元额度公司债券，利率只有4.78%，虽然比业内有些企业拿到的利率还要高出1个百分点，但比之前两年高达8%左右的利率整整低了两个点，这可以直接增加归母净利润。

2. 结构性调整，减少资金沉淀

融创中国现在是一个以地产开发为主导，囊括了住宅、文旅、酒店、长租公寓、养老、商业、文化、会展、物业等多种业态的多元化集团公司。企业的规模增大，自然也会有一些资产的流动性或者盈利能力不强。目前，从集团的角度已经开始严格控制住宅外的投资比例，并开始将一些盈利前景较差的酒店、商业、乐园进行转让，这一工作已经开始进行。这些举措，可以让担心乐视事件会再现的投资者放心了，既能保证资产安全，又能提升流动性，是直接降低负债率的重要举措。

3. 控制土储规模，减少高价购地

房地产一直是个高负债行业，这些负债大部分都会被房企用于购置土地，其实一个地产公司要降低负债率并不难，只要减少购置土地的支出就够了。一方面可以降低借款数量，另一方面又可以提升留存现金的额度，净负债率很快就会降下来。当然，土地是房企的生命线，减少土地购置需要有足够的土储作为前提才行。融创中国在2020年的确权土储超过3万亿元货值，还有1万亿元在协议状态。总计4万亿元货值的土储，八成在一二线城市，这是最好的资产。有了这个底气，融创中国才能不参与不断高涨的土地交易。2020年底，融创中国的净负债率降到了100%以下，以战养战的非常规着陆模式，已经初告成功。

4. 超强学习能力，顶级产品能力

受产业结构的影响，中国的很多企业都在追求所谓的性价比。手机有小米，空调有奥克斯，电视有曾经的乐视，地产行业里就更多了，一半以上的企业都在走这条路。这些企业，面上看到的东西还是过得去的，但实际的使用体验，与越来越富裕、越来越追求内在品质的消费者的预期，有着明显的差距。还有一些企业，从一开始就在追求品质，它们的很多产品都是行业楷模。但在周转效率的问题上，这些企业没有处理好，也就没能达到应该达到的高度。而真正的行业领袖，走的是另外一条路，一条在传统的中国制造中显得另类的路，虽然艰难，但它们都很执着，不死即是凤凰，所以才有了华为、有了格力，融创中国走的就是这条路。

融创中国的品牌初起就是要走品质路线。中间学习绿城、学习龙湖，加上其自身的管理执行能力，才有了融创中国的今天。融创中国的成功，源于它能在品质和效率的有效协调上做到行业领先，并与其他同行形成了一定的距离。

一款手机新入市的时候，有手机的人一向比没手机的人买得多。以后就算是房屋整体上饱和甚至过剩了，换好房子的人永远不缺，从这一点上来说，融创中国的产品力会比并购能力的价值体现得更为持久。

和人的生老病死一样，每个企业都会遇到瓶颈甚至严重下滑的时期，这是客观规律，无一例外。顺驰地产当年被转让是因为走得太快，供血不足。但以融创中国现在的体量而言，其抗风险能力已与当初不可同日而语，即便是遭遇乐视这样的大失血，也没能改变融创中国高歌猛进的势头。

有过这两次教训，融创中国近几年的发展已经稳健多了。虽然其净负债率与同行相比仍比较高，但就千亿元左右已售未结的利润和3万亿元确权土储等综合因素来看，其实际的净负债率并不比很多看起来上了安全线的房企更高。事实上，降低负债率属于非不能也，实不为也，在可以高歌猛进的行情里，负债就是一种能力。

融创中国未来持续发展的最大突破点还是在多元化上。住宅开发用地早晚会减少下来，甚至会让整个行业的绝大多数开发企业都从市场上消失，这应该是10年之内就能看到的境况。龙头企业保持一定的高位，也许还能坚持到15年之后，或者20年之后，但之后的开发量不可避免会进入萎缩。

未来的20年，就是房企逐步从住宅开发向多元化转型的过程，无一例外。从美国、欧洲等市场发展经验来看，大部分开发商会加大持有型物业的比例，商场、写字楼、酒店是很多房企的优先选择，租金的永续性肯定会比售楼款更好。这也是融创中国现在在做的事，从万达手里收购文旅配套资源，再不断加进融创中国自己的新开发物业，并逐步优胜劣汰，沉淀下可以拥有数十年的优良资产。

乐园、长租公寓、文化、康养、会展等业态，也是融创中国着力发展的，但目前来看，其前景还需要时间来证明。以融创中国的体量，这些业务即便发展较好，短期内也只是锦上添花，无法填补住宅开发的空白。但从长期来看，这是融创中国的未来。至于日后发展中，融创中国还会做出什么新的产业来，就不是我们现在所能预见的了。

就住宅业务而言，融创中国已经处于非常安全的境地。未来最大的变数就是多元化转型，但这个预期还可以用很长一段时间去尝试和演变，至少15年之内不必担心。届时中国东部沿海地区会有3亿多人进入人均GDP 4万美元的状态，相当于两个日本的消费能力，总有产业会与之适应，就看哪个房企能夺得先机了。

二、 专注是融创中国最大的投资看点

买股票就是买公司，这是价值投资的基本原则。从模式上看，企业经营和我们做投资的道理都是相似的，也有着各种理念，呈现出各种流派。地产股在2020年下半年成了"地惨股"，是各种因素导致的，但关键原因还是在于即便是持有地产股的

人,大多数也都不相信这个行业的永续性。很多地产股持有者都是来投机的,出现墙倒众人推的场面也就不足为奇了。

融创中国近几年的经营动作,都是围绕地产主业来展开的,这与部分房企有很大不同,这也是融创中国作为一只地产股的价值所在。曾经有很多房企,一时叱咤风云,但偏离了地产主业之后,一直萎靡不振。现在也一样,有很多地产企业,包括某些头部公司,不断为了多元化而多元化。骨子里的原因,是因为这些行业巨头也认为地产的钱越来越难赚了,在提早给自己寻找后路。

在2020年5月28日的股东大会上,融创中国明确提出不管是现在还是未来,始终会专注地产这个主业,其他在文旅、文化、康养、会展等方面的投入,都是为了做"地产+",而不是远离地产。即便是持有型物业,占总资产的最大比例也不会超过15%。这就是投资融创中国的最大看点,只想赚股息,何必买地产股?习惯赚快钱的人,喜欢动辄百亿元甚至千亿元投资的地产行业,绝大多数行业对他们来说赚钱速度都实在是太慢了,慢得让人无所适从,慢得让人提不起精神。而且进入这些行业之后,想逆袭原有的龙头企业是非常艰难的。地产股,买的就是高负债高弹性,买的就是十几万亿元规模的超级行业。在各怀心腹事的时候,还好我们仍能看到有如此坚定执着的企业。也许地产行业的天花板已经接近,但地产企业的天花板远未到来。

如果融创中国未来预期的增长目标是年化20%,这是个很高的数字。以2019年3834亿元的权益收入为基数,按照这个增速,十年后融创中国的权益收入会达到23739亿元,如果当时全国的商品房销售收入能保持在15万亿元,那么融创中国的市场占有率将达到 15.8%。这个比例不低，实现起来很难，但如果那些强力房企脑子里总想着多元化转型，融创中国的机会就大很多了。

投资是需要信仰的，耐不住寂寞的人，也很难有长久的繁华。我从来不关心那些自己没赚到的钱，只关心自己能赚到的钱。世界这么大，自己的水都喝不完，何必再拼命到别人那里抢水喝呢？聚焦自己的资金和精力，专注在某一行业上，市场自然会对你的专一予以回报。

企业经营也是这样，决策者在选择方向的时候，投资理念是决定性的，他的价值观会印在企业的每一个发展轨迹上。具有匠人精神的企业很少，融创中国在股东会上反复提到的"提升能力"是令我感动的，融创中国这些年在能力上的表现大家有目共睹。不管什么时候，我相信好房子永远都是有需求的，专注的企业总有更好的回报。

三、影响融创中国估值的核心因素

2021 年上半年，融创中国的股价经历了高开低走。年初的表现还好，一度从 28.25 元涨到了 34.95 元，涨幅达到了 23.72%，但 4 月之后又出现了连续下跌，到 5 月底的时候已经抹掉了当年的全部涨幅。究其原因，如果是年报业绩没有让市场满意，融创中国在 2020 年所交出的成绩单已经非常亮眼了，核心利润和净利润都超预期增长，而且 4 月 15 日发布年报后，股价还连续三天上涨，涨幅超过了 5%。可见，这不是导致融创中国的股价重回 28 元的核心原因。

第八章 典型企业的价值投资逻辑

有人说是在2021年各城市集中拿地后，融创中国表现积极，而这些地后期的利润空间让市场表示怀疑，这对股价形成了强烈压制。从时间节点上来看，倒是有些吻合，但这一批集中拿地，融创中国总计摘得448万平方米的用地，对它来说，只是增加了不到两个点的土储而已，毕竟行业第一的土储总量在这。对其他中小房企来说，摘得这些地的压力可能会比较大，但对融创中国来说即便毛利率低也影响不了多少后期业绩。

从2021年上半年的市场情况来看，短期影响地产股整体走势的，除了年报时各房企增收不增利，导致市场对地产开发行业整体保持观望态度外，很重要的一点是这几个月的舆论环境。由于各种原因，导致了深圳、上海等地的房价不断上行，各地纷纷出台了一些针对措施。很多资金虽然觉得地产股现在的估值很低，但还是先隔岸观火，等风头告一段落再说。

可从市场的实际表现来看，虽然舆论环境不太友好，但并没有阻止购买需求继续释放。国家统计局的数据如下（见图8-6）：2021年1～4月，商品房销售面积为50305万平方米，同比增长48.1%；比2019年1～4月增长19.5%，两年平均增长9.3%。其中，住宅销售面积增长51.1%，办公楼销售面积增长20.0%，商业营业用房销售面积增长16.3%。商品房销售额为53609亿元，增长68.2%；比2019年1～4月增长37%，两年平均增长17%。其中，住宅销售额增长73.2%，办公楼销售额增长31.9%，商业营业用房销售额增长20.3%。

这是真正的量价齐升！属于市场的，只能属于市场。而且销售额的增速大大高于销售面积，即便不计去年的新冠肺炎疫情的影响，与2019年进行两年的平均增速对比，数据表现也是不错的。

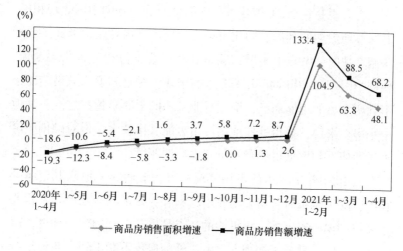

图 8-6　全国商品房销售面积及销售额增速

融创中国 2021 年前 4 个月实际销售额为 1708 亿元，比 2020 年前 4 个月的 958 亿元增加了 78.27%，比 2019 年前 4 个月的 1189.9 亿元增加了 43.54%，过去两年的年化复合增长率为 19.81%。2020 年，融创中国总共完成销售 5750 亿元，考虑到收购彰泰后额外增加的销售额，即便不考虑还会有的并购因素，2021 年达到 6700 亿元销售额的压力是不大的，这样就比 2020 年至少会增长 16.5%。

在毛利率方面，由于融创中国的土储中，成本较低的勾地和并购占了 2/3，所以整体毛利率还是处于行业中上游的。而且毛利率较低的 2018 年销售货源已经结算完毕，后继利润率并不会持续下滑。

2021 年，融创中国在各地的文旅项目经营表现都不错，很多地方出现了控制人流的盛景，已经开始逐步释放利润，原来的包袱正在成为摇钱树。目前融创中国所赚的确实是真金白银，但看看市盈率，只有非常可怜的 3.15（2021 年 5 月底的数据），一个一年赚了 356 亿元的企业，市值只有 1331 亿港元（1098 亿元人民币）！

销售、土储、文旅产业等都是向好的，已售未结的部分已经超过 1.1 万亿元，未来两三年内的利润有足够的保证，那么融创中国的股价为什么还是这么低迷？不仅仅是融创中国的股东们有这样的问题，对大部分地产股投资者来说，这也是其所投标的的最大困惑。

我们看一下 2020 年 7 月地产股整体下跌后，表现较为突出的几家企业，龙湖集团、新城控股、华侨城 A 等。相对而言，这些企业在住宅销售方面的表现并不非常突出，但它们有共同特点：一是持有型物业比例较高，长期生存能力强；二是公司的财务相对稳健（新城控股今年上调了评级到 BB+）。

从持有型物业角度来看，融创中国的水雪世界已经获得市场的广泛认可，文旅拿地基本可以实现自给自足，未来前景已经开始被看好，很多地方的文旅项目陆续发出了 ABS 融资，流动性得到很好的释放。因此，影响融创中国股价的不是业绩增速，而是市盈率。而目前来看，影响市盈率最大的因素还是在于融创中国的杠杆率仍然没有降到让市场放心的程度。

2020 年，融创中国在全力降杠杆，到年底之时现金短债比为 1.08，净负债率也降到了 96%，两项指标由"红"转"绿"，进步不小。目前"三道红线"政策要求中，只有剔除预收款项后的资产负债率还在 78.3%，2021 年完全达标有些难度，但当发布 2022 年中报时应该有很大机会。

可以说，过去两年融创中国在降杠杆方面已经取得了长足进步，但这个进步与行业标杆相比，还是有不小的差距。比如当前龙湖集团的标普评级为BBB，而融创中国只有BB，期间还有着BB+和BBB-两个等级，这是投资级别和投机级别的差异，还需要融创中国持续努力才行。目前，龙湖集团的市盈率是11.74（2019年之后一直保持在10以上），比融创中国高出了3.7倍，这就是投资融创中国，在业绩增速之外的潜在估值价值。

对当前的融创中国来说，在拥有了行业最大体量的土储之后，销售增速已经不是最重要的关键性因素了，只要能保持在15%以上的年均增速即可（即便这样，四年后融创中国仍然可以达到年销售额超万亿元）。适当放缓步伐，尽快把净负债率和剔除预收款后的资产负债率降下来，这是融创中国的市盈率能否达到行业领先水准的关键因素。从目前"三道红线"的政策强制性要求，和融创中国自身的经营表现来看，通过两三年的时间，财务指标全面向好是大概率，甚至可以说从主观和客观上都是必然的。如果按照融创中国现有土储的释放预期，四年后公司业绩的增长有一倍空间，而估值的空间则会超过三倍，这就意味着股价的空间会超过六倍。

由此也可以看出，研究股票的估值，不仅仅要考虑企业的业绩表现和经营持续性，也要充分理解影响其估值的核心原因是什么。地产开发属于高负债行业，财务安全对估值的影响是非常直接的，这不是典型的投资常识。我们在做具体股票的分析中，一定要因地制宜，毕竟市场才是唯一的检验标准。

四、融创中国的盛世年华

融创中国 2020 年年报正式发布之前，很多人都是悲观的，主要原因是之前的股价持续下跌，于是大家纷纷猜测企业的净利润是不是都是靠着金科、贝壳的投资收益得来的，更有些人猜测企业的核心利润根本就没怎么涨。数据出来后，核心利润为 302.6 亿元，同比增长了 11.8%，融创中国的业绩足够坚实。

从近几年的年报来看，2020 年融创中国交出的成绩单不是最好的，前几年的核心利润增速要更快一些，但这份成绩单是以 20 多年商品房发展史上最艰难的一年为背景交出的，意义非凡。限价和 2018 年全市场的不景气共同作用，加上融创中国的高负债率，很多人会觉得 2020 年融创中国的股价高达 35% 的跌幅是理所当然的，但这份年报正式宣告，融创中国的软着陆成功完成了！

所谓软着陆，是与某些同行的断臂求生相对而言的，降负债率的同时仍然保持着收入、销售、利润的齐头并进，这是一件非常艰难的事。孙宏斌做到了，而且做得比市场预期更好，这就是投资者选择融创中国并仍然在坚守的理由吧。

从 2020 年报道出来的行程记录来看，孙宏斌这位数百亿元身价的大富豪比很多年轻人还要操劳，新冠肺炎疫情刚刚缓解就到全国各地去频频拜访。业绩会上关于土地的回复，基本都是由他本人来回答的，看得出来他对全国各个市场的形势了如指掌，对调控的理解和走势更是一语中的。

从 2020 年下半年开始，各项调控政策就不断落地，市场上一片惶恐。而孙宏斌则直接指出:"三道红线"政策是规范房企的,"两道红线"政策是规范银行的,而刚出台的"两集中"政策则是规范政府的。在三者都更加规范之后,市场会进入优秀企业的盛世年华!

不需要多言,我们也知道融创中国是哪一种公司。实际上在"三道红线"政策出台之前,融创中国就已经开始控制负债率了,2020年中报的有息负债就是下降的,年报更是加大了降幅。孙宏斌表示,三年后会有三家企业年销售额过万亿元,虽然他没说是哪三家,但我相信肯定会包括融创中国。盛世年华,不是为整个行业准备的,而是为行业中那些最优秀的企业准备的。

大多数人对融创中国的担忧,除了负债率就是在日益增长的文旅产业了。从已经公布的数据来看,融创文旅在2020年取得了坚实的进步,这不仅仅在于其文旅城已经完成了全国50个城市的布局,更在于新开业的文旅城在经营上不断取得进步。新冠肺炎疫情阻挡了国人出境旅游的步伐,这给了文旅城难得的发展机遇,2021年的春节期间,文旅城的数据更是出现爆发性增长。

从文旅勾地的角度来看,乐园、水雪世界、融创茂等持有型物业只要不赔钱就算完成任务了。但从现在来看,文旅城基本上可以实现自给自足,住宅部分的收益完全可以覆盖文旅城的成本,这让融创中国可以放手拿地。全国真正适合建设大型文旅项目的地方是有限的,这50个文旅城布局完毕,其他房企再发展就有了很大的阻碍。融创文旅不仅仅会实现规模优势,品牌和经营都将持续提升,目前融创文旅已经有1000多万注册会员,后期升级到一亿之后,企业的护城河就很宽广了。

预计2022年融创中国会彻底满足"三道红线"政策的要求,

届时融资成本会大幅下降，而过去这些年积攒的 3 万亿元确权土储货值将全面进入销售期。更低的成本，更高的销售收入，让融创中国面对市场上残酷的抢地大战，可以表现得更加从容。

2020 年融创中国的分红是每股 1.65 元，也就是 6% 的股息率，这个数字相当于一些资金的融资成本了，比市场上的无风险利率高出了 2 倍，这是投资融创的底线。后面投资者可以继续关注文旅城何时上市，看看万亿元销售何时实现，看看估值何时能达到国民待遇，看看地产是不是还有未来。

第三节　龙湖集团，地产界的估值标杆

2020 年 8 月，"三道红线"政策横空出世。按照净负债率、剔除预收款后的资产负债率和现金短债比这三个维度，设立红、橙、黄、绿四个分类，每个分类之间有 5% 的有息负债增长上限，业内简称为"345"。大多数房企或多或少都会触碰某个标准，"三道红线"政策颁布之时，只有不到 1/3 的房企能够进入绿标，拥有业内最大力度的融资支持。这里面大部分公司都是国企，龙湖集团作为少有的民企代表，格外引人注目，其健康的财务体系，来自于长期的严格管控，也来自于经营上的锐意进取和高效管理。

一、唯一境内外全投资级民营房企，资金优势明显

房地产在中证指数一级行业分类中，属于"金融地产"范畴，"金融地产"中的银行、保险公司和地产公司的共同特点就

是需要大量的融资，融资是房企的核心能力。在市场处于上行阶段，有些房企会全力加杠杆，大量的负债可以买到更多的土储，数年间销售业绩便能翻上几倍。但到了市场下行阶段，过快增长导致的很多问题就会暴露出来，如果该房企的管理能力和产品能力撑不起自己的负债压力，债务危机就有可能会迅速爆发，看似强大的企业会在短时间内出现严重危机，千里之堤，溃于蚁穴！

能一直保持良好的财务状况，是龙湖集团多少年来始终坚持稳健的负债体系和高效管理控制的结果。国际三大评级机构标普、穆迪和惠誉给予龙湖集团的评级分别为"BBB""Baa3""BBB"，此外，大公国际、中诚信证评、新世纪均给予龙湖集团"AAA"评级，龙湖集团已经成为行业内唯一的境内外全投资级民营房企。

公司 2020 年的净负债率为 46.5%，比 2019 年降低 4.5 个百分点，比 2018 年的 52.9% 更是下降了 6.4 个百分点。期内现金短债比较 2019 年同期下降 0.14 个基点，仍维持在 4.2 的健康水平；剔除预收款后的资产负债率为 67%；加权平均融资成本为 4.39%，比 2019 年同期减少 0.15 个百分点，连续三年下降。公司的财务指标持续改善，债务结构良好，平均债务期限为 6.59 年，一年内到期债务仅占 11%，人民币债务占比 71%。2021 年 5 月，龙湖集团发行规模为 15 亿元的五年期债券，票面利率为 3.50%，比很多房企低了接近一半，仅此一项每年便可以节省几十亿元的财务成本。

二、高效整合经营，四大主航道齐头并进

单纯控制负债率不难，难的是在控制负债率的同时还能保持

足够的增速，这方面龙湖集团仍然表现突出。龙湖集团把旗下业务分成了C1、C2、C3和C4四大主航道业务，分别对应住宅开发、商业运营、租赁住房和社区的智慧服务，目前主要的业绩贡献来自于住宅开发和商业运营。

2020年，龙湖集团的物业开发销售总额达到2706亿元，比2019年的2425亿增长了11.59%；租金及管理收入为75.8亿元，同比增长了30.9%；已开业商场建筑面积为481万平方米，商场销售额为305亿元，同比增长14%。截至2020年底，龙湖集团的在建投资物业合计253.4万平方米，其中总规划建筑面积约91.3万平方米的八个天街项目预计在2021年开业，另有建筑面积约162.1万平方米的16个项目，预计在2022年及以后开业。这些发展，都是在2020年这个特殊的年份里实现的，实属不易。

三、优质土储资源充分，确保长期快速发展

2020年，龙湖集团新获取的土地总建筑面积达到了2567万平方米，权益建筑面积为1847万平方米，权益地价为478亿元。公司总土储为7400万平方米，总权益面积为5279万平方米。土储的平均成本为5569元/平方米。这些土储足以支撑龙湖集团未来四年两位数的销售增速。

截至2020年底，龙湖集团已经完成在京津冀、长三角、粤港澳大湾区、成渝等七个城市群63个城市的布局。项目的主要分布区域是在一二线城市，从人口和经济等角度看，对其发展前景有比较充分的保证。且公司的单项目开发规模控制在适当水平，可以保证后期开发中资金的周转速度。

四、布局未来，行业变局推动龙湖更上一层楼

地产股的估值整体不高，主要原因在于市场对行业的长期持续性发展缺少信心，当核心城市的优质土地被开发完毕之后，房企如何保持现在这样的高营收和高利润，这是所有房企都要面对的课题。另外，传统房企过于依靠融资，这种高杠杆模式的风险性也是市场比较担心的，2020年已经有大型房企出现债务危机，随着对融资规模的管控加强，行业未来的债务问题将会越来越多。

龙湖集团在住宅开发业务之外的领域取得成功，以及在保持较低净负债率的同时保持快速增长的做法值得同业借鉴。即便在2020年下半年地产股整体低迷之际，龙湖集团的股价仍然保持了两位数的增速，市盈率更是超过了11倍。这就是市场对提前布局未来的企业给予的厚报。

"三道红线"政策实质上是锁定了地产开发行业的增长速度，对于某些严重依赖融资支持的房企来说，无异于釜底抽薪，其未来销售增速放缓甚至出现明显下滑都是必然的。在杠杆被控之后，现有的前30强房企的格局已经稳定，中小房企想要逆袭冲进前20强甚至前10强基本不再有机会，能百尺竿头更进一步的企业，主要是来自头部房企的内部阵营。其中，销售快的企业有业绩增速，但财务稳健的企业才会被市场给予较高估值。也就是说，地产股的股价上涨，需要的是企业做到又快又好，在这方面龙湖集团堪称标杆。

第四节 贝壳找房,"住"电商的真巨头

过去20年,房地产营销不断演变,经历了广告时代、代理时代和一二手联动时代。现在我们即将进入5G社会,互联网肯定是一个绕不开的话题。互联网一定会进入这个行业,进入这个行业的营销体系,但进入的方式恐怕跟阿里巴巴、腾讯等是不太一样的。

衣食住行,这是人的四大基本需求,目前已有龙头企业建立了强大的电商平台,阿里的"衣",美团的"食",滴滴的"行",在各自领域里已经具备了非常明显的领先优势。目前,只剩下"住"这一个赛道了,也是最难的一个赛道。相比之下,"衣""食""行"的消费特点是单笔额度不一定很高,但频次会比较多。重复性消费,可以把利润一点一滴累积起来。这种消费的偶然性会比较强,属于低关心度产品,有一个点打动客户就可能会触发消费行为。"住"就完全不一样了,购房属于大多数人一辈子最大的一笔消费,除了极少数人以外,都要深思熟虑后才会进行交易,有些人甚至会提前几年做准备。这种消费的标的属于高关心度产品,只要有一个点让客户不满意,交易就可能会失败。

可以说"住"是比"衣""食""行"的消费门槛高得多的赛道,这也能解释为什么后三者都已经有了很成熟的电商平台,而"住"的方面却至今没有阿里、滴滴式的互联网龙头。2G时代,"衣"的领域出现了阿里;3G时代,"食"的领域出现了美团;4G时代,"行"的领域出现了滴滴;5G时代,"住"的领

域也必然要出现真正的巨头。

目前来看，脱胎于链家的贝壳找房，是有很大机会成为行业领导者的。借助于链家覆盖全国的门店网络和专项技术，尤其是房源端的绝对优势，贝壳找房在三年内便成了数万亿元 GTV（平台交易总额）级别的企业，上市之后，其市值一度超过 6000 亿人民币，相当于地产开发龙头万科 A 的两倍之多。贝壳找房的发展基础，在于其强大的线下销售网络。依托于每年 430 万套左右的二手房成交资源，吸纳了海量客户，再反馈到每年 1700 万套的商品房市场，这是一二手联动业务模式的全面升级。

目前，贝壳找房的投资企业中包括了万科、融创中国、腾讯等顶级房企和顶级互联网巨头，标志着它的存在得到了地产界和互联网界的双向认可。不管贝壳找房日后会不会成为与阿里、美团、滴滴并肩的企业，它所探索和追求的方向，已经是地产营销的未来，并将带动整个地产电商的全面兴起。

阿里、美团和滴滴，都有着类似的成长轨迹。先通过为商家提供免费甚至补贴式服务，使商家的价值充分得到客户的认可，慢慢发展壮大到主导地位后，便开始反控平台商家。这是典型的从终端向上侵蚀的模型，也是互联网企业已经非常成熟的发展经验。

贝壳找房的起点，要比这三大巨头更高。从一开始，该平台就是收费的，加盟门店的费用还算低廉，但对开发商收取的费用就很高了，甚至很多开发商公开表示有被"绑架"的感觉。但抱怨归抱怨，依托于 App 的联动模式，这已经是当前最高效的房地产营销途径，其对售楼处的反控能力正在迅速增强。很多开发商也想复制这一体系，但术业有专攻，依托近 20 年的线下基础

第八章 典型企业的价值投资逻辑

打造出来的线上资源,真不是靠钱就能轻易取代的。

随着5G时代的全面展开,我们会看到越来越多的技术应用出现在手机、电脑等终端,虽然这些手段还不足以让客户像买衣服和食品一样,直接下单交易,但在加强客户黏性、引导客户选择等方面,其价值肯定是越来越大的。当然,"住"并不仅仅指房屋的销售和租赁,后期的产业链条可以延伸得更长。装修、装饰、家政、家电、物业等诸多房地产相关产业,都可以在平台中逐渐延展开来,地产营销的内涵也会因此变得更加广泛,大家拭目以待吧。

贝壳找房的上市,不管是对电商平台还是对中介行业来说,这都是一个重大事件。中介这个行业曾经饱受非议,能提升到现在的社会形象,链家功不可没。而从链家到贝壳找房,更是颠覆了很多所谓的电商逻辑,要知道这之前曾经有一大批公司想要把互联网思维引入中介行业,但都败得很惨。贝壳找房的上市,对电商平台来说是一种另类的成功,也是其他公司难以复制的成功,这是贝壳找房的特殊价值所在。

在战略上,贝壳找房有三个里程碑式的成功。

1. 在铺天漫地的虚假房源中,用愚公移山式的努力来建设楼盘字典,并形成了"真房源"这一革命性产品。真房源,是塑造整个链家文化的基石,改变了人们对传统中介根深蒂固的认识,与竞争对手相比独树一帜。

2. 全国性股权并购。链家在2015年之前也在进行全国性发展,但中介行业的地域性很强,链家各个分公司都很难排进当地前三位。各地的中介龙头如果用资金并购,是很难实现成交的,但"上市"的大旗打出来,与各家进行股权交换,上市梦想就近在咫尺了。由此，链家在一年多的时间里，迅速在全国范围内裂变性发展，两三年内便巩固了大部分区域的龙头地位。

3. 开放链家资源，迅速完成线上升级。贝壳找房这个名字是当初链家与各公司合并的时候，就已经构思好的。能够让各路老板折服，甘愿放弃自己品牌的重要原因，是链家创始人左晖甚至愿意放弃"链家"品牌，来打造这个四海归一式的全新独立品牌。

各家中介加盟贝壳找房的动机很简单，能够拥有和链家一样房源、客源和推广，只需要缴纳很少的费用，何乐而不为？但这也是在链家门店付出巨大牺牲的前提下完成的，上市之后加盟费用势必不断提升，对那些同盟军的管控难度也将随之加大，这才是对贝壳找房的真考验。

从目前的市场竞争环境来看，中介行业的其他对手与贝壳找房的差距是非常巨大的，有些类似于出行领域里的滴滴和其他对手的关系。中介和其他行业不太一样的地方在于，一定要有足够强大的线下能力，才能打造出超级强大的线上能力，这也是搜房网、爱屋吉屋等平台必然失败的地方。面对数万亿元的GTV，挑战者肯定还会不断出现，但肯定不是现在我们看到的这些中介公司。

国内目前已经成功的电商平台，基本上都是通过客源端来掌控企业端的，这也是互联网模式的一个惯例。而过往这种模式套用在房地产中全都失败了，因为在房地产这个行业里，不管是商品房还是二手房，核心所在都不是人，而是房。毕竟土地是不可再生资源，越是经济发达的区域，稀缺性就越强。

中介行业内有句行话，"有房就有客"，这句话的价值会一直存在。国内很多大牌分析师和很多著名大V都在反复强调开发商的未来是窄路，原因是人口越来越少，说这话的人对房地产的了解还只是在皮毛上。

中国整体人口会随着出生率的下降而日渐回落，这是趋势，但中国城镇人口会随着新型城市化的发展而不断增加，未来十年都不会到顶，这些人口才是商品房购买的主力。而且买房子不是一劳永逸的，尤其是在2010年之前开发的小区，与现在的住宅相比，在规划、设计甚至建筑材料上都相差甚远，这就是需求。

手机的价格，已经超过一般的家用电器，而且现在大家都有手机，有的人甚至有好几部手机，那么华为、苹果、小米这些手机制造商，为什么这些年赚的钱却越来越多？因为新手机在外观、功能、使用感受等方面与过去的产品完全不可同日而语。房子也是这样，以北京为例，六环外的人想住进五环，五环外的人想住进四环，四环内住老房子的人则每天都想换个新点的。而那些换房人群空下来的房子，还有全国各地的人在等着接盘。唯一的问题，是有没有房子可买。五环内要是有充足的房源供应，北京的商品房成交量就一直都会保持在高位。

阿里巴巴、腾讯控股、美团这些企业的成功，都是从客源端来控制企业端的，而二手房的特性决定了，贝壳找房是用房源端来控制企业端的，这也是其他公司在地产电商平台打造上始终无法成功的原因，同时也是贝壳找房还不能高枕无忧的问题所在。

贝壳找房的发展能否持续升级，核心在于客源端的突破。只有百尺竿头再进一步，尽快把客源端也掌控起来，实现企业端、房源端、客源端的三位一体，才能彻底巩固自己的行业主导地位。

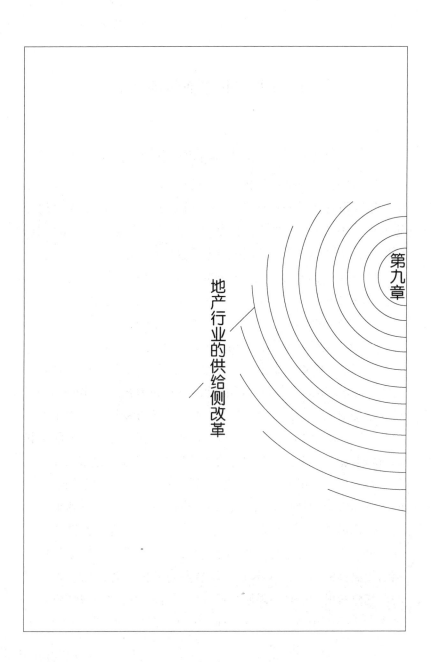

第九章 地产行业的供给侧改革

第一节　房地产供给侧改革全面开启

一、"三道红线"政策是史上最精准的调控措施

"三道红线"政策是指，房企的净负债率不得大于100%，房企剔除预收款后的资产负债率不得大于70%，房企的"现金短债比"小于1。按照这一标准，可以将房企分成红、橙、黄、绿四档，每档企业分别对应的有息负债增长标准如下。

1. 三项指标全部过线，有息负债不得增加。
2. 两项指标过线，有息负债规模年增速不得超过5%。
3. 一项指标过线，有息负债规模年增速不超过10%。
4. 全部达标，有息负债规模年增速不超过15%。

看到这一政策，很多人又开始担心起房地产行业的前途了。其实从2019年的一些行业融资情况就可以看出，下半年的融资尺度已经收紧了，只不过2020年上半年的抗疫形势改变了既定的节奏，随着2020年二季度经济的全面恢复，各家房企的销售业绩增速逐步回正，出台"三道红线"政策也就顺理成章了。

看看过去几年的商品房销售额增速就会发现，随着销售面积的下滑和房价增速的趋缓，商品房销售额的增速已经越来越慢了，近几年的增速都是在个位数。对号入座，就是超过两道红线和超过一道红线之间的标准。也就是说，"三道红线"政策所设定的行业负债增速，基本上是与当前商品房销售额增速相匹配的，此政策根本不是在限制行业发展，而是对一些过分依赖杠杆来提升业绩的企业，进行相应的约束，以防止可能出现的行业

风险。

某种程度上来说,"三道红线"政策就是在开启房地产供给侧改革的序幕,后面应该还会有跟进政策。一直以来,政策工具箱里都有很多手段,只是时候不到,需要的时候随时会有针对性反应。房地产行业能发展到今天,国家连绵不绝的调控政策功不可没,却总有人把这看成对行业的打压。就个人态度而言,没有调控政策,地产股我一手都不会买!

就目前的房地产市场来看,在负债总额受限之后,直接影响的就是土地市场的热度。2020年上半年的土地市场,由于全市场的流动性大增,让很多房企的融资积极性得以提升,导致购地热情全面高涨。

我们在2020年的年报中,看到了很多房企增收不增利,某家房企的营业收入是翻倍的,净利润却只增加了营收增幅的1/5。主要原因就是这些结算项目的土地是2017年左右购买的,当时的地价整体偏高,直接打压了毛利率。包括2020年中期的新购置地块入市之后,所开发项目的毛利率整体上是偏低的,等2022年年报出台的时候,又会有一批房企让人大失所望。

在主要热点城市全面限价的大环境中,土地溢价率偏高对所有房企都是一个沉重压力。"三道红线"政策起到了釜底抽薪的作用,土地市场会逐步降温,可以让后继拿地的企业有相对较高的毛利率,从根本上降低开发风险,这难道不是好事吗?"三道红线"标准划定之后,等于从源头上限制了当前各级别房企的增长速度,以后的中小房企想和2015年之后的融创中国一样,借助杠杆五年便跻身顶级阵营,基本是没有可能了,当时动辄翻倍的负债规模增速已经成为历史,以后各个阵营只能按部就班,积年累月去稳步发展了。

可以预见，那些在产品力和拿地能力方面都没有优势的企业，那些靠看得到和看不到的杠杆支撑增长速度的企业，未来的日子将会越来越难过，这也正是房地产供给侧改革的目的所在。

对于基本技术同质化严重的房地产开发行业来说，市场上并不需要这么多企业，"三道红线"政策的出台等于加速了"大鱼吃大鱼"的时代进程。那些又大又强的龙头房企，会是直接受益者，高度集中化时代正在全面展开。

二、 银行的两道红线控制地产资金源头

2020年末，央行和银保监会发布了《关于建立银行业金融机构房地产贷款集中度管理制度的通知》（以下简称《通知》）。总体来说，这一《通知》可以看成是银行业的"两道红线"，是与房地产的"三道红线"配套而出的。"三道红线"是从借款方进行约束，而本《通知》是对贷款方进行管理控制。在2020年末发出，然后要求2021年1月1日就要实行，不留一丝缓冲时间。这一方面说明国家确实是下了很大决心，另一方面也说明这个消息是早就内部沟通好了的，地产股12月的下跌，这个《通知》的发布应该是原因之一。此次公布并立刻执行，有点"靴子落地"的感觉了。

房地产贷款不仅仅关系到房企，由于一直都是银行最优质的贷款，对相关银行的影响也是很大的。有些朋友看到这一《通知》便感到有些紧张，这是正常的，但也不必太过担心。《通知》看起来很严厉，但把各家银行的实际情况汇总一下，就可以

看出，给出的各项标准还是比较宽松的。大部分银行实际上都没有把额度用满，即便超出额度的银行，数字也不大，而且规定了超出不到2%的额度会给两年时间调整，超出2%以上额度的给四年时间调整，这对相关银行的压力就小很多了。

更何况《通知》内还有段话："业务调整过渡期结束后因客观原因未能满足房地产贷款集中度管理要求的，由银行业金融机构提出申请，经人民银行、银保监会或当地人民银行分支机构、银保监会派出机构评估后认为合理的，可适当延长业务调整过渡期。"也就是说，在两年或者四年的时间里如果调整不完，还可以续期，这充分表明了央行的爱子之心。

2019年，全国的金融机构贷款余额为153万亿元，其中房地产贷款余额为44.4万亿元，包括了房企开发贷款11.2万亿元，和个人住房按揭贷款30万亿元。在"三道红线"政策出台之际，银行整体的开发贷款原本就是要下跌的，房企缩减开发规模后，个人住房按揭贷款的需求原本也是要下降的。即便没有《通知》规定的这"两条红线"，各银行的相关指标也会下降，可以说这个《通知》只是又加了一道保险，不会改变"三道红线"政策出台之后的大局。

《通知》里还有一段话，大家要仔细品味："房地产贷款集中度符合管理要求的银行业金融机构，应稳健开展房地产贷款相关业务，保持房地产贷款占比、个人住房贷款占比基本稳定。"防涨的终极目的是防跌，"稳定"压倒一切，别担心房企，也别担心银行，有央行精心呵护，投资者放心持有就是了。

从银行业内部的角度来看，这"两道红线"实际上是稳固了国有大行和股份行的地位，其他行彻底失去了逆袭的机会。相对应的，一些中小房企在大银行很难拿到贷款，其主要财源就是中小银行，在中小银行被限制之后，那些规模不足的房企，在与大房企的竞争中，胜算就更少了。

三、"两集中"进一步压缩中小房企的生存空间

"两集中"，即集中发布出让公告、集中组织出让活动，全年将分三批次集中统一发布住宅用地的招拍挂公告并实施招拍挂出让活动，参与的城市包括了22个重点城市，分别为北京、上海、广州、深圳、南京、杭州、苏州、厦门、福州、重庆、成都、武汉、郑州、青岛、济南、合肥、长沙、沈阳、宁波、长春、天津、无锡。这些城市基本覆盖了国内主要的房地产市场，"两集中"会成为一个全国范围内的供地准则。

"两集中"政策出台之前，很多城市几乎每个月都会有土地出让信息，现在可能要改成四个月一次，集中出让。如果说"三道红线"政策是从负债角度对房企进行了约束，"两集中"就是从土地源头来改变房企的资金和管理节奏。和过往相比，可能出现的影响如下。

1. 之前具备挂牌条件的土地，理论上随时可以公开信息参与挂牌，新要求出台后，如果赶不上本轮出让活动，就可能要等到四个月之后，实际上这会导致城市整体的土地供应量出现减少，在那些供不应求的城市，供需压力会很明显。

2. 集中出让土地，理论上可能会让房企的资金更加分散，不会像以往那样逢地必抢，有利于降低土地溢价率。但地价贵了谁最受益？各家房企对拿地的要求不尽相同，如果在排列组合上

有机分散,变化不会太大。对于全国化布局的房企,资金都是统一调配的,根据各城市的放地节奏进行应对就可以了,从整体而言对这些企业的现金流影响并不大。而对于那些布局范围较小的房企,资金效率会有一定的制约。

3. 集中拍地,会促进各家房企之间进一步加强合作,以确保有足够的土地可以持续,这对那些品牌优势较大的企业是有利的。

4. 同期拿地,导致各企业工程节点上基本相差不多,同一时间内的施工压力会被放大。理论上存在着从规划设计到后期施工整体成本增加的可能,尤其对北方城市来说,施工期主要集中在4~10月,这一时点的建材和人工都会相对紧张,上下游行业的景气度会明显受到周期性影响。"两集中"政策对那些具有勾地能力的企业是利好,因其勾地的体量一般较大,分期开发可以有效规避市场集中期,它们的节奏基本没有变化;对小房企会产生负面影响,使其原有的开发节奏被打乱,后期的工程管理和营销管理都是大问题。

5. 集中拿地、集中开工、集中销售,入市货源很可能就会形成直接竞争,这对产品力和品牌力优势较大的企业更为有利。

6. "两集中"政策出台后,对房企的短期资金筹措能力、工程管理能力、材料统采能力、营销能力都会进一步提升要求,更有利于那些综合能力突出的大型企业。中小房企在负债端和按揭贷款受限之后,资金周转效率会下降,从货源端、工程管理、材料采购和营销等领域,又不得不与行业巨头正面对抗,日子会越来越难过。

第二节　恶意抢地之风，可以休矣

"三道红线"政策的出台，是为了控制房企之间愈演愈烈的"抢地大战"和无序竞争。而依靠提升负债率去不断升级的"抢地大战"，是导致无序竞争的核心原因，这也是房企过分追求规模化的必然后果。房企为什么要去追求规模化呢？主要动机如下。

1. 只有规模化才能拿到更多融资。银行等金融机构在选择标的时候，会更加看重房企的规模。很多金融机构的白名单里是不考虑小房企的。尤其是市场不景气的时候，规模越大的房企拿到资金的可能性就越大，2018年底，很多银行的白名单上甚至只有排在全国前30强的房企。

2. 规模化对控制整体建造成本是有优势的。房企可以通过批量采购来降低自己的开发成本，在主要市场普遍限价的背景下，同样的价格、同样的施工质量，规模越大的房企越有利于降低成本，这在毛利率不断下降的大市场环境下，更显得可贵。

3. 规模化有利于房企分摊集团的各项费用。这个比较好理解，相近的集团成本，500亿元的规模和1000亿元的规模来分摊，净利润率会有天壤之别。尤其是在企业管理全面进入数字化时代后，规模越大，管理的单位成本就会越低。

4. 规模化有利于房企大胆尝试多元化发展。市场上的可开发土地越来越少，很多房企都在考虑地产之外的辅助业务。规模越大，房企掌控的资源就越多，对上下游产业链的控制就越强，做多元化发展成功的可能性就越大。

5. 规模化有利于房企勾地。在限价背景下，单纯招拍挂的用地，净利润率会长期低迷。各家房企都在研究各种勾地模式，如商业、文旅、产业、TOD、养老、会展等。同样的附加值，当然是规模越大、品牌越响的企业，更能得到地方的支持。

过去几年里，小房企想做大，中型房企一方面要避免被小房企追上，另一方面也想挤进大房企的阵营，而大房企为了保住自己当前的规模，也不得不继续做大。市场就在各路房企拼命规模化的大背景下，变得扭曲甚至畸形。在很多土拍市场上，有些地的净利润率已经低到3%以下，但仍然有很多房企在抢。还有些地根本就算不出利润来，但依然有人肯干。究其根源，还是房企融资太过容易。有些房企会把资金分成两部分，一部分用于赚取利润保证生存和发展，另一部分资金的主要用途就是扩大规模，有没有利润不重要，甚至亏点钱都不是大问题，只要规模能上去就是胜利。

这就形成了事实上的劣币驱逐良币，开发商之间竞相比较下限。有些房企的营收与净利润之间的增长比例让人目瞪口呆，2020年9月之后，一些地产股的股价大跌就与此直接相关。即便是有些还能保持一定净利润率的企业，由于短期内的规模增长太快，后期的管理能力、产品质量都遇到很大挑战。在某些房企的城市级管理人员中，我们能看到大批只有两三年经验的年轻人独挑大梁，有些人连一个完整的项目都没跟完，就已经开始独立操盘了。

更严重的是，尽管近几年一些房企的规模扩张很快，但整体净利润率却是一路下滑，遇到了2018年下半年和2020年初的特殊行情，抗风险能力就会变得非常脆弱。大量的破底价销售，为后期的偿还负债埋下了严重隐患。

"三道红线"政策是一道十分精准的调控措施，是针对行业当前顽疾的釜底抽薪式大手术。短期阵痛在所难免，但能平稳落地的房企，后面会迎来真正的利润释放期，市场正在走向宽路。

第三节　地始终是房企最好的资产

有很多人长期看空地产股，而且对一些资产负债率比较高的房企非常不看好，严重的甚至认为这些企业会很快崩盘，生存都是问题。普通投资者持有这种看空论调也就算了，有些自称"地产股达人"的人，竟然也会说出这样的言论，可见地产真是容易让人误解的行业。就像住了一辈子房子的人，照样不知道房子是怎么建起来的，买地产股的人也经常不知道自己的钱是怎么赚的，自然也不会知道自己的钱是怎么赔的。

我们梳理过房企负债的问题，地产开发这个行业由于预售制的存在，导致资产负债率整体偏高，比一般制造业高出近一倍都是存在的，与银行、保险这些高杠杆行业也相差无几。一些房企即便把合同负债减去，净负债率也仍然高企，超过100%的为数不少，超过200%的也依然存在。按照传统教科书中关于企业财务的论断来理解，这种房企一直都处于孤注一掷的状态，遇到大的危机，肯定是在劫难逃。

但事实并不是这样，有些房企现在最大的问题不是负债率太高，而是负债率太低。经常看到有人拿某某地产公司来说事，认为当前的行情对这种低负债的企业是极大的利好，这并不是一定的。事实上，很多国资地产开发企业，之所以在2015年这一波

第九章　地产行业的供给侧改革

地产爆发期掉队,就是因为自身属性原因导致资产负债率不能得到提升,眼看着酝酿了五年的大行情,却只能坐视碧桂园、融创中国这样的民企一路远去。

地产开发,比的就是负债能力和管理能力。设计、施工、销售、物业都可以外包,但钱一定是自己借、自己管的。管好钱,用好钱,这才是开发商的主业。对有些企业来说,高负债意味着优势最大化,能把自己的强势呈倍数去放大。但对有些企业来说,高负债也可能成为催命符,数十载的积累,会因为资金的周转不便而毁于一旦。

想在财报上看清楚这两种公司的区别是很难的,仅就并不并表这一项,就能让最高明的会计师被完全误导。就像一部侦探小说,读者猜想了所有的可能,但凶手却是书中从来没出现过的人物,这绝对不是读者的错。以后大家在判断高负债房企是否健康的时候,可以应用"负债土储比"这个指标。由于土地一直都是流动性较好的优良资产,尤其是一二线核心城市的配套成熟地块,可以说是最好的核心资产。而这些土储不能全部按公允价值直接并入房企的净资产,这就导致我们看到的所有负债数据都是失真的。

有些看起来资产负债率或者净负债率较高的企业,如果它拥有大量的优质土储,它实际的负债率远远低于我们所看到的数字。当然它负债率高企的原因,一定程度也是因为土储较多的缘故。但即便遇到危机,即便企业现金流有一些紧张,卖几块地就很容易解决资金链的问题,有时候一些净负债率较低而土储较少的房企,现金流反而会更加紧张。

不是所有的高负债房企都是好公司,但至少高负债、高优良土储的公司远没有看起来那么危险。在"三道红线"政策的有效调控下，原来土储少的公司完全失去了逆袭的机会。市场的秩序是按照各家房企优质土储的数量，以及负债管理能力来排列的，这会是未来长期持续的主题。

地产商，有地就有产，地始终是最好的资产。"三道红线"政策落地之后，存量优质土地的价值进一步被提升，拥有土储优势的同时还拥有良好的现金流，这样的房企会在未来的竞争中占据明显的主动地位。

第四节　利润率触底，进入行业稳定期

2020 年，各家房企的年报出台后，情况不尽相同，但绝大部分房企都有一个共同的问题，就是净利润增速大幅低于营业收入增速。增收不增利，已经成为 2020 年房企年报中的常态，有些房企的 2021 年年报，恐怕也会延续这个痛点。对大部分房企来说，2020 年是在结算 2018 年所销售的房源，而这批房源的用地又大部分都是 2016 年或者是 2017 年的时候购买的。事实上，2020 年各家房企面对的是四重困难，都汇集到一起了。

1. 2016 年和 2017 年，受房价整体增幅的影响，那两年地价大涨，很多城市"地王"频出，整体溢价率是过去几年中最高的。

2. 2017—2018 年，全国主要的热点城市和周边区域，全面推行限价制度。很多城市都是一刀切，不管你当初拿地花了多少钱，必须按照规定的限价来卖，凡是高出的一律不允许备案。这导致有些房企在 2017 年买的地，到 2020 年都没有开盘，地价比

最后的售价都贵，真是面粉贵过面包了。

3. 2018年不仅是A股历史上的第二大熊市，也是很多行业严重不景气的一个时期，地产行业也是如此。2018年上半年楼市的销售已经有些勉强，而下半年各地楼市普遍遇到了销售困境，大量的房源被以低于成本价的方式大甩卖，在两年后进行结算时，问题就会全面暴露了。

4. 2020年受新冠肺炎疫情影响，很多房企的营销费用和管理费用大涨，好在全年的财务成本相对往年有所下降，但整体而言，大多数企业的整体成本压力都是上升的。而新冠肺炎疫情导致的工期延迟，又让各家房企的营业收入增速受到比较大的影响，相应抬升了成本占比。

应该说这四条中，前三条都是历史遗留问题，最后一条则是特殊时期的产物。时过境迁，当初的特定环境已经变了，这些问题的影响程度都在大幅下降，市场发生了根本性变化。

1. "三道红线"政策对土地溢价率有直接的限制。

2. 限价是一次性行为，后来房企再拿地的时候，各家都知道天花板在哪里，"地王"自然就少了。

3. 整体经济环境已经重回正轨，当前楼市还是应防止过热，而不是担心变冷。

4. 疫情已经基本被控制，目前在全民接种疫苗，各房企不再有一年前的恐慌心理了。

整体而言，各房企2020年年报里的净利润率已经处于近年来的最低位置。虽然未来两三年时间里，各房企的净利润率还很难恢复到2019年的状态。毕竟那一年结算的是2017年楼市最火爆时候的销售房源，而这批地又有很多是2016年之前，地价整体低迷时候购置的，当期利润率是处于绝对高位的。

2021年开始，房企所结算的房源大部分是2019年销售的，当时的市场处于整体温和的状态，倾销的企业并不多，各家的利润率还是有保证的。但2022年结算的房源变成了以2020年为销售主力，这一年里各房企的分化还是比较大的，先是年初有房企担心后市不佳进行了低价狂甩，后面又有企业为了尽快满足"三道红线"政策的要求，进行了相应促销，这些收入都是利润率很低，甚至可能会出现亏损的。

需要提醒的是，在2020年有一些企业逆市高价拿地，这批地的净利润率基本都在5%以下，等到2023年前后进行结算的时候，还会有一些企业继续出现增收不增利的情况。

从行业上来看，优秀房企的利润率陷阱已经过了最危险的状态，但有些房企还会有不小的麻烦。开始时，投资者看到计提部分都连呼踩雷，但随着各房企的年报一份份披露，才发现原来这是行业的普遍问题，只不过有些房企的家底厚有些家底薄，有些一年计提，有些分成了几年，所以表现出来的震撼程度会有区别。

投资者在研究房企的时候，一定要搞清楚它手上土储的盈利能力如何，判断净利润率的标准，也要以核心利润为主，尽量不要被其他收益干扰。虽然现在地产股整体并不贵，但后面的分化会越来越大。高负债行业别图便宜，重点还是企业的持续增长能力，尤其是低价拿地能力，这是当前房企的核心竞争力，也是未来房企发展的核心动力。

第五节　保障性住房对房企的影响

前面关于分析的租售比和房价收入比的部分，只是说明当前的高房价形成的原因,但绝不是认为高房价理所应当。高房价虽然是有支撑的,是可以持续的,但并不是合理的。从几十年前到现在,买房子这件事从来就没容易过,但随着国力越来越强盛,我们有理由相信,年轻人应该拥有父辈们所没有享受到的好日子。

就绝对的房价而言,国内的核心城市确实不便宜,大部分强二线城市房价收入比都已经在两位数,现在大城市里的年轻人已经望房兴叹了。很多人每天都希望房价能跌一跌,好让自己有个上车的机会。但即便房价下跌百分之十几,买房仍然是一件让大部分家庭都伤筋动骨的事。一旦房价像2008年那样出现大跌,其实买的人反而会更少(这和股市一样,价格最低的时候,成交量都是最低的)。

2018年下半年以来,楼市成交量整体性变淡,但房价并没有明显变化,对首次置业者而言,购房压力依然沉重。中国国土面积很大,城市也很多,但核心资源分配的不平衡,导致高收入者越来越集中在一线和二线城市。实际上,北京、上海这样的顶级城市,房屋套均价格已经达到了500万元以上,对刚毕业几年的年轻人来说有些遥不可及,但全国持币待购的人只要有机会,就会冲进北上深,这里的房价是有支撑的。

不但房价越来越高,房租也是越来越贵,北京一居室的小户型,月租达到6000元/月。不仅仅是买房贵、租房贵,高房价和高房租会直接推高各行各业的成本,例如餐饮、娱乐、交通、教育等。高房价会成为一个支点,直接撬动整个城市的"浮躁"。

我们正在市场经济中努力着,但不是什么都应该交给市场。居住问题也是城市长期发展的核心问题。把房价降下来,让所有人都买得起房，从供给端来说是做不到的。

在不降房价的情况下要解决居住问题，那就只有一条路可走了，就是加大保障性住房的供应。针对这一点，年轻的深圳已经做出了表率。2018年8月9日，深圳市发布了《深圳市人民政府关于深化住房制度改革加快建立多主体供给多渠道保障租购并举的住房供应与保障体系的意见》，明确提出"商品住房，占住房供应总量的40%左右；人才住房，占住房供应总量的20%左右，租金、售价分别为届时同地段市场商品住房租金、售价的60%左右；安居型商品房，占住房供应总量的20%左右，租金、售价分别为届时同地段市场商品住房租金、售价的50%左右；公共租赁住房，占住房供应总量的20%左右，只租不售，租金为届时同地段市场商品住房租金的30%左右。"

这个政策是具有划时代意义的。对于一个拥有1000多万人口的大都市，首次提出了非商品房供应量超过商品房供应量，而且整整超过了50%。这同时也标示了房地产开发的未来之路，是一条在大城市越走越窄的路。

要想继续保持足够的经营规模，留在上万家房地产开发企业面前的只有两条路，一条是大力发展三四线城市，另一条是尽快壮大力量，成为最后的赢家。

三四线城市和一二线城市的资源配置正好相反，一二线城市是人力过剩、土地不足，而三四线城市则是土地充裕、人力不足。在过往，只有碧桂园、恒大这种顶级房企，和一些在一二线城市难以立足的中小企业才愿意去三四线城市开拓，但衡阳地块的事也表明了，华润置地这种一直在一二线城市发力的大房企，也开始了市场下沉。一二线城市的建设和营销都是相似的，三四线城市却各有各的招数，在多姿多彩的广阔天地里，以后的新鲜事肯定层出不穷，会不断地丰富房地产行业，就看谁能在碧桂园模式之后，再创一条奇迹之路了。

实际上"大鱼吃小鱼"的现象这几年一直盛行，主要原因是各城市中的原有土地所属企业，面对在资金、品牌、溢价等能力全方位碾压自己的巨无霸们，纷纷放弃了幻想，主动投戈归降。体现在大开发商的报表上，就是少数股东权益的迅速增长。但未来要发生的事情，会让现在的"小鱼"直接变成"虾米"，因为我们将要看到的，不仅仅是几块土地的并购，而会是大房企之间的世纪并购。

第十章

什么样的房企未来会更好

房地产市场从1998年住房货币化开始，除了偶尔的小波折以外，一直都保持着面积与价格的持续上升趋势。但在2019年，商品房的销售面积出现了下降，而销售价格仍然在继续上涨。

随着国力的日渐增强，居民的购房需求并不会随着存量的不断增大，而出现明显的下滑，否则我们不会看到在经济相对发达的城市里，二手房的成交额越来越大。制约房企进一步发展提升的，是核心城市的优质土地越来越少。未来属于那些拿地能力突出的企业，更属于能够改变土地功能的企业，在"大鱼吃大鱼"的时代，好机会属于那些又大又强的"巨鲸"，这也是我们选择地产股的主要方向。

第一节 从"十四五"规划看房地产的永续性

"十四五"规划中，多处提到了房地产，有些定调与之前已经有很大不同。可以说，经过持续不断的调控，房地产仍要坚持"房住不炒"的定位，但在新的历史阶段，已经有了新的意义。

一、调控政策短期不可动摇

投资者必须要认清"限购"和"限贷"是一个被长期执行的政策，短期是不可动摇的。"房住不炒"的定位充分说明房地产并不会"归零"，不"限购"和"限贷"是不行的，这是判断房企未来的一个基本视角。

第十章　什么样的房企未来会更好

二、推动金融、房地产同实体经济均衡发展

这句话的前提是"坚持扩大内需这个战略基点，加快培育完整内需体系，把实施扩大内需战略同深化供给侧结构性改革有机结合起来，以创新驱动、高质量供给引领和创造新需求。"过往来看，金融和房地产的权重大，利润总额比较高，所以近来总有些声音想要金融让利，抑制房地产发展。"推动"二字表明了支持态度，而"均衡"二字又说明了速度要合理。其实近些年来，银行和房地产的整体增速并不高，都在个位数，能保持"均衡"，也就等于给了"国民待遇"，按部就班去做就是了，至少不用担心被"抑制"。

发展金融和房地产，是为"扩大内需"服务的。或者说要"扩大内需"，发展金融和房地产是必不可少的。结合这句"同深化供给侧结构性改革有机结合起来"，行业增速慢了，但结构性受益者的增速还是可以高看一线的，只不过需要"创新驱动、高质量供给引领和创造新需求"。未来的金融会变，房地产也会变，简单的住宅开发时代已成为过去，具备"创新"和"高质量"的企业才会有更好的发展。

三、促进住房消费健康发展

这句话把住房与消费放在了一起。"促进"表明的仍然是态度，而"健康"二字是体现了其发展要有度，要有节，要有益。

再来看看这句话产生的背景，"全面促进消费。增强消费对

经济发展的基础性作用，顺应消费升级趋势，提升传统消费，培育新型消费，适当增加公共消费。以质量品牌为重点，促进消费向绿色、健康、安全发展，鼓励消费新模式新业态发展。"

消费是经济发展的基础，是内循环的核心驱动力量，是扩大内需的目的。2020年很多消费股都是巨幅上涨，那么地产股能不能沾点喜气呢？

四、推进以人为核心的新型城镇化

"推进以人为核心的新型城镇化。实施城市更新行动，推进城市生态修复、功能完善工程，统筹城市规划、建设、管理，合理确定城市规模、人口密度、空间结构，促进大中小城市和小城镇协调发展。强化历史文化保护、塑造城市风貌，加强城镇老旧小区改造和社区建设。"

地产股之所以被很多人看衰，主要原因是其永续性被普遍怀疑，即便是一些投资地产股的人，投机心理也比较重，都想把这个低估值的钱赚完了就跑。大部分人都喜欢拿人口增速下降和房屋数量上升做对比，来证明商品房会进入供大于求的局面，一点点进入滞销状态。

这个问题其实很好理解，虽然现在商品房的销售面积确实出现了下滑，但越来越发达的二手房体系却证明了，居民的需求和购买力根本不是问题，只不过是可买的好房子太少了。现在一二线城市的新房供应大多远离主城区，购房者只能以二手房来满足需求，贝壳找房的市值在2020年底时，已经接近两个万科的体量，充分说明了二手房市场的广阔空间，更说明了住房消费的巨大潜力。

"实施城市更新行动"后,我们会在主城区看到更多的新房,这无疑是雪中送炭,对房企的长期发展是一个巨大的推动。而"推进以人为核心的新型城镇化",则是在根本上大大提升了房企的永续性。

近些年来,很多城市都在原有的核心城区之外,进行了全新的规划和建设,现在这些新城区已经越来越成熟,常常出现比老城区房价还贵的状况。郑州郑东新区、贵阳观山湖、昆明呈贡、成都高新区、济南高新区等都是案例,而最大的典范就是上海浦东了。这些板块的建设也是经过积年累月的,目前同样是寸土寸金。很多热点城市,在城区内的可开发用地确实是越来越少了。

随着"加快城市群和都市圈轨道交通网络化",和"优化行政区划设置,发挥中心城市和城市群带动作用,建设现代化都市圈"等有效措施的出台,我们会看到越来越多"新型城镇"的出现,这些拥有良好基础设施的新板块,会打破传统的城区概念,为市场提供更加丰富的有效土地供给,这将直接提升房企的永续性。

当然,这些用地往往会与传统的招拍挂用地有很大不同,房企必须承担起一部分城市运营的责任,要考虑业态、经营、就业和税收。这会和"三道红线"政策一起,进一步加快供给侧改革的步伐,留给一些中小房企的时间不多了。

五、 促进房地产市场平稳健康发展

"租购并举、因城施策,促进房地产市场平稳健康发展。有效增加保障性住房供给，完善土地出让收入分配机制，探索支持利用集体建设用地按照规划建设租赁住房，完善长租房政策，扩大保障性租赁住房供给。"

"限购"和"限贷"政策更多是争取时间。想要从根本上解决问题，还是要靠保障性住房供给，但即便增加了城市更新和新型城镇化，土地供给整体上仍是紧俏的，保障性住房的增长，会对商品房的整体供应带来一定压力。反过来说，保障性住房一般都是以主城区为主，客观上也会让更多购买力到新城镇去释放。"完善土地出让收入分配机制"，这是房地产税推出的前提，现在的形势不适合提房地产税，但前奏还是要有的，那是真正的长效机制。

六、加快城镇化进程

"深化户籍制度改革，完善财政转移支付和城镇新增建设用地规模与农业转移人口市民化挂钩政策，强化基本公共服务保障，加快农业转移人口市民化。"

城镇化发展的方向依然不变，这是解决城乡差距的主要措施之一。而把城镇新增建设用地规模与农业转移人口市民化挂钩，这会让抢人大战进一步升级，而进入门槛也会进一步降低。长安米贵，白居不易，很多新市民虽然已经纳入城镇化，但在传统的高成本区域生活还是有难度的，"推进以县城为重要载体的城镇化建设"就是为此着想，这对三四线城市的地产项目来说是个利好。

第二节　未来十年，哪些市场会更强

一、财富篇

2020年，深圳的房地产市场非常火爆，从深圳的经济增速来看，这是正常现象。从交易税费的下降，置业条件的放松，到深圳乃至整个大湾区未来规划的明确，都足以支撑深圳楼市长期保持旺销状态。更何况深圳的住宅建设用地是一线城市中最少的，而人才落户的标准又比北上广宽松得多，种种条件叠加在一起，出现这一市场表现是可以理解的。

曾几何时，有人把房价的上涨归结为投资客的炒作，就短期而言这是有可能的，但房价都涨了20年了，哪个庄家有这么大的手笔？还有人把房价涨跌归结为金融、土地和人口，这也是用现象来解释现象。房价当然和金融、土地、人口密切相关，但这三者的变化又是什么原因导致的呢？万变不离其宗，只有抓住事物变化的根本，才能充分理解这一变化是否正常，未来是否还能延续。

因为供需关系的不平衡，就只能用价格的上涨来提高拥有门槛，以满足部分最具购买能力的人群，来避免全体失落的可能。价格在这个时候就成了一种规则，来填补一些规定废止后的真空。

举个例子，如果现在深圳的房价是20000元/平方米，二套按揭还可以做到三成首付，也不需要户籍或者几套房的认定，购房者想买几套就买几套，深圳的楼市会变成什么样子？这个情景大约是深圳十年前的楼市状况，如果真回到从前的市场环境，我们就会发现，深圳所有的售楼处都将无房可卖，全国各地源源不断的资金，会整栋楼整栋楼地买下深圳所有的可售商品房。普通购房者就算攒够了钱，有可能连房子的影都见不到。在人多地少的情况下，上述现象就是不平衡、不充分，又没有价格护城河的必然结果。

有些城市，"房价只有10000元/平方米，二套按揭还可以做到三成首付，也不需要户籍或者几套房的认定，购房者想买几套就买几套"这样的条件仍然是存在的，但当下越是这样放开的市场，销售的情况反而越差，因为这类城市往往都是人少地多，放开甚至鼓励购房也无济于事。

需求不是天生的，而是经济发展逐步培育出来的。100年前，没几个人会想买汽车；50年前，没几个人会整天想着旅游度假；30年前，也没几个人会想到自己掏钱买房子。现在的"需求"，大都是来自这40多年来，人们不断提高财富积累，有了钱我们才敢做那些以前不敢想象的事情。

说到这里，大家应该能看得很清晰了，楼市的景气度归根结底，还是取决于老百姓的财富增长，能否与房价的增长相匹配。金融、土地、人口等，只有建立在财富稳定增长的基础上，才能发挥作用。要想知道未来十年，哪里的房地产市场会更好，就得先了解未来十年财富会聚集在哪里，并且这些财富会以什么样的形势分配到社会上。

二、财源篇

天下熙熙，皆为利来；天下攘攘，皆为利往。整个人类的历史，就是一个财富聚集和分散的发展史。国内目前的四大一线城市，都是财富聚焦的地方，但分工也是不同的。北京，是财富的管理地；广州，是财富的流通地；上海，是"Old Money"的发展地，深圳，则是"New Money"的策源地。

从建市开始，深圳就一直扮演着创新者的角色，迄今已经培育出华为、腾讯、中国平安、招商银行、万科等顶级企业，如果说上海的财富大部分依托于金融、钢铁、石化、汽车等传统行业的话，深圳在科技、互联网、保险、房地产等方面的发展，都代表着过去20年产业创新和制度创新的优秀成果。很多人对地产属于新兴产业可能会表示不同意见，但别忘了中国房地产业真正的全面发展是从1998年开始的，基本与中国互联网业的发展保持同步。

来源不同的钱，消费的风格也就不尽相同。深圳的资金对市场更加敏感，更积极也更主动，所以几次楼市逆境反转，都是从深圳开始发起的。一轮又一轮的房地产热潮，都是从深圳传到大湾区，蔓延到长三角，北上至京津地区，最后向中部、西南、东北发散，这不是偶然现象。

我们探寻未来的财富之路，就先要对各个区域进行深入认识，准确判断出各大板块的资金风格，才能因地制宜，有的放矢（见表10-1）。

表10-1 各地区变量资金性质

热点分类	板块	热点城市	变量资金性质
全国热点	长三角	上海、杭州、南京、苏州、宁波、合肥	大城市化红利和全面对外开放
	大湾区	深圳、广州、佛山、东莞、珠海	
	京津冀	北京、天津、河北主要城市	候鸟人群和富裕人群数量增长
	旅游度假	三亚、海口、厦门、西双版纳	

(续)

热点分类	板块	热点城市	变量资金性质
区域热点	环渤海	青岛、济南、沈阳、大连	日韩贸易
	中部	西安、郑州、武汉、长沙、南昌	承接东部工业体系和人口回流
	西南	成都、重庆、昆明、贵阳、南宁	承接东部工业体系,东南亚贸易
	东北	长春、哈尔滨、呼和浩特	重工业和资源产业的复兴

城市化是从农村移居城市,这个历程已经进入后期,但随着核心城市产业吸引力越来越强以及户籍的不断放开,从小城市进入大城市的趋向仍然愈演愈烈。未来十年最大的房价增长逻辑,不是城市化,而是大城市化,尤其是全面对外开放条件下的大城市化。

过去十年,高铁的快速发展,加快了东部与中部区域的连接,产业和人口的涌入,让武汉、郑州、西安、合肥等城市有了脱胎换骨般的进化,房价变化也是翻天覆地。但未来的发展过程中,增长最快的仍然会是那些国际化趋向明显的东部大城市,尤其是那些可能被纳入自由贸易港的大城市。

在大城市化与不断提升的国际化双重支持下,长三角、大湾区与京津冀(如果中日韩自贸区顺利发展,青岛、济南、沈阳、大连有望与京津冀地区共同构成真正的环渤海板块,弥补北方经济整体薄弱的不足)三大全国热点板块与区域热点城市的房价差会进一步加大。

我们在判断地产股内在价值的时候,都会重点分析它的土储

第十章　什么样的房企未来会更好

货值,但我们现在看到的土储价值都是静态的,不同板块的土储在未来几年的实际价值变化可能会非常大。制造业并购的时候,往往会有大量商誉,这是投资者需要非常小心的。

而房企在买地或者并购的时候,土地会被要求原值入账,实际上这里有时候会沉积大量的负商誉,也就是账面价值会低于实际价值。作为投资者,我们很难一块地一块地去查数上市公司的土储,但能就该公司的土储分布区域做一个概括了解,也算是一种简单的定性分析吧。

三、分化篇

很多人喜欢算账,算一下现在一个大家庭有几口人,这些人住着几套房子。爷爷奶奶、姥姥姥爷、爸爸妈妈、男孩,这是一个家庭组合,早晚要留给男孩的大约是三套房子。如果这个男孩娶了另一个家庭的女孩,这个女孩有着同样的家庭结构,那么理论上未来他们就会有六套房子。

一个家庭有了"六套房"的时候,房子就会过剩,然后房价就会崩溃式下跌,所以房地产是没有前途的,这是有些人的想法。持有这种想法的人不在少数,所以地产股长期都是估值偏低的。实际上,除了2017年,过去这十年地产股的估值基本就没高过。

如果只是简单地加加减减,结果确实有可能会是这样的,但就像用单纯的数字永远看不清一家公司的真相一般,房价也不是这样简单算算就能得出的。六套房子的可能性真的存在,但那些老一辈留下来的房子,大部分是房龄较长,环境不佳,面积较小的，也就是俗称的"老破小"。事实上，即便是北上广深这样的一线城市，虽然看统计数字人均面积已经超过 30 平方米，但由于家庭的小型化，市场上主流的二手房源平均面积都在 80 平方米以下。

即便如此，当前六套房在深圳大约也能值两三千万元，十年后先不说这六套房的市值会是多少，仅就普通居民的收入来说，翻一番也是大概率。有数千万元甚至更多身家的人，谁还会愿意再住在这些不封闭、缺物管、没有人车分流、每天都得抢停车位的小区里？因此，绝不是只有无房户才想去买房子。

当其他城市容量日趋饱和，开始如北京、上海等城市一样控制新进人口的数量，并导致房屋总量增速开始下降的时候，用六套普通房去换一到两套高档住宅就是一种无法阻挡的购买力，这会是决定城市房价天花板的最主要因素。

城市化之后有大城市化，刚需之后就一定会有"刚改"，即刚需加改善。"刚改"，有的时候比刚需还要有力。毕竟刚需再"刚"也得先买得起房，而刚改的"刚"是用钱撑着的，随时可以行动。目前，北京、上海、深圳等地新房供应日趋稀少，而且增量中的大部分都在往保障性住房方面倾斜。留给"刚改"的可选择空间实际上并不大，绝大部分人只能去选择二手次新房。核心城市核心商圈的新房或次新房，这会是未来十年乃至十年之后一个城市最有价值的资产，随着时间的推移，其稀缺性会越来越强。

这里还有一个关键点，就是很多担心楼市未来会崩盘的人最忧虑的所在——居民手里的"六套房"在购买新房之前，会卖出四套甚至更多，这部分出售房源会对市场形成一定的抛压。这

第十章　什么样的房企未来会更好

个问题是客观存在的，但对快速发展的一线和强二线城市来说，其充分的就业机会和越来越放松的落户政策，根本不必担心多出来的二手房会没有人接盘。中国核心城市的楼市，基本都被限购政策所覆盖，一旦限购解除，普遍都会面临僧多粥少的局面。

以上所论述的，只适用于一线城市和区域性核心城市，而对中小城市来说，大部分面临的问题都是比较严峻的，这些城市里被抛出的六套房面临着无人接盘的窘境，而那些卖出了六套房的人却大量出走，成了核心城市的新增购买力。就像城市里的高档住宅与普通住宅的差价在加大一样，核心城市与普通中小城市住宅的差价也会进一步加大。也就是说，即便不能拥有核心城市核心商圈的新房或者次新房，能在核心城市较为便利的地方拥有住房，也是一种不错的投资选择。

明白了以上资产增值的趋势，我们才能更好地看清楚房企未来的发展趋势。占据核心资源，拥有强大的打造产品的能力，并具有足够的规模优势，这就是未来地产龙头企业的发展方向。买股票就是买公司，想要高收益就得买好公司，投资地产股不要图便宜，优秀的企业肯定会给你最大的回报。

对房地产行业来说，宏观调控一直都没有间断，这是保证行业长期健康持续发展的必要手段。但很多时候，大家过分关注对房地产的调控了，过去20年，调控不知道进行了多少轮，房价一直都在稳步上行。在2020年特殊的情况下，还是取得了17.36万亿元的历史最高销售额。楼市的调控措施一直不断，这一方面是针对某些城市的价格压力较大进行的调控，另一方面这种对信贷端的控制也是宏观去杠杆的一部分，在去年流动性急剧释放之后，是意料之中的事情。

对整个房地产行业来说，经过无数轮的调整，对这种变化早已适应，并不会影响继续上行的节奏。当前的各项管理手段，也是有很强针对性的，这与过往全行业同涨共落有很大的区别。事实上，房地产现在就是在做供给侧改革，头部企业的业绩增速可能短期内有压力，但利润率将有明显的上升，未来3~5年，会是头部房企非常舒服的日子。

看看美国三大房企在市场高峰过后的股价表现：霍顿（DR Horton），过去十年涨了6倍；莱纳（Lennar），过去十年涨了3.7倍；普尔特（Pulte），过去十年涨了14倍。美国自建房多，这三大房企仍然能在2008年股市大跌后，保持持续上涨的势头。对比之下，国内房企的好日子还长着呢，好公司的盛世年华才刚刚开始。

第三节　能帮城市赚钱的企业才有未来

地段、地段，还是地段！这是大家耳熟能详的一句地产名言，但什么是地段呢？并不是只有城市的中心位置才是好地段，不同的产品对地段的定义也是不一样的，而未来的地段和我们现在的理解也会发生很大变化。

在传统的城市布局中，一般都是以火车站附近为城市中心，这是在现代交通史上，火车的超然地位所决定的。也有一些城市，铁路交通原来并不发达，是以长途汽车站附近为城市中心。不管是火车站还是汽车站，这些交通枢纽带动了人气，也带动了餐饮、商业和娱乐等产业的兴起。在几十年前，各大城市的人口还没有现在这么密集的时候，大家一般都会到同一个中心区域去购物、消费，这里是城中生活配套最丰富的地方，这里的房价一般也都是最贵的，这就是传统的地段。

城市里的住宅，由于一般都依托于核心商业区的资源，所以各个板块的价格基本都是按照距离中心区域的距离来确定的。一圈一圈扩展出去，三公里等价线、五公里等价线、十公里等价线，像大树的年轮一样，各个等价线上房价总体比较接近，但部分地区也会受景观、学校和企业等因素的影响而差异过大。

后来寸土寸金的中心区被开发完毕，只能向外延扩展。而随着工业化的逐步发展，也带动了大量人口涌入城市，于是各个城市便有了一个又一个副中心。副中心的分化就比原来的等价线大多了，以大学城为核心的往往都成了高新区，高精尖产业比较多，就业人口的收入也比较高，房价自然水涨船高。以工业企业为主的副中心，往往是低利润率的制造企业比较集中，房价会相对低一些。有些副中心发展较快，就会与原来的传统中心区一起，构成价格坐标原点，上海的浦东新区就是一个典型例子。这样，城市原有的房价体系就会出现很大变化，简单地按照距离中心点的远近来划分，明显过时了。

原有的地段观念被打破之后，房价规律呈现出碎片化，房龄、产品、品牌、教育等因素不断被吸纳进来，事实上现在的地段与二三十年前我们所说的地段，很多都不是一个概念了。除了浦东外，深圳的南山、郑州的郑东新区、长沙的梅溪湖、昆明的呈贡、贵阳的观山湖等，都取代了原来的老城区，成为新的城市价格高地。至此，我们可以明显地看出，地段不是一个一成不变的概念，而是一个随着城市发展和科技发展，不断演变和升级的产物。20多年前，上海盛行的是"宁要浦西一张床，不要浦东一间房"，现在呢？浦东有些房子的价格都达到 20 万元/平方米了！

好地段是创造出来的，其实当年的传统中心区也是创造的产物，只是大家习以为常了。现在，摆在各家房企面前的问题，是单纯依靠招拍挂所能拿到的优质地块，利润率实在太低。实际上这也是公平的，因为这些好地块是一个城市数十年发展所沉淀下来的精华，其价值是城市自己创造的，一个外来房企想坐享其成，那就只能忍受低利润率。

企业想要赚更多的钱，也不难，看你能为城市创造什么了。谁能改变城市原有的价值体系，谁就能拥有这个城市更多的关爱，就能在这个城市得到更多的发展空间。盖一个商场，要承担后期经营的压力，但因此可以拿到几十万平方米的好地；做一个文旅城，后面经营的风险自然更大，但也因此可以拿到上百万平方米的好地；而运营一个城市板块，其难度还要超过前两者，可一旦成功，便能牢牢占据数平方公里的优良地块。

房企的永续性问题，至少未来十年都不会出在需求端上，关键所在是能拿到好地。而未来的好地要靠自己去创造，没有这个能力，坐享其成的机会将会越来越少。

第四节　持有型物业时代的全面开启

现在很多房企在普通招拍挂市场上拿的地，净利润率很多在 5% 以下。除非市场回到 2018 年下半年的状态，否则即使地价下降，利润增涨幅度也会有限，还要被土地增值税和所得税吃掉一大块，而且很多地区的限价政策是跟着地价定的加价率，地价便

第十章 什么样的房企未来会更好

宜当然成本能低些,但售价也会受到影响。纯招拍挂市场的净利润率,以后很长时间里也不会更高了。

地产商最主要的生产资料是地,有地才有产。而好地都掌握在地方政府手中,实际上地产商的最主要客户并不是购房者,而是政府。招拍挂拿到的地都是有限价的,谁拿都一样,只有能够在产业、就业、持续性税收上为政府做贡献的企业,才有机会用更低的成本拿到更好的地,这就需要房企们改变传统的单纯住宅销售策略,要加大持有型物业的比例。

虽然持有型物业在的后期经营上仍然会分化,但至少这些有拿地抓手的企业,还有机会参与竞争。只会在招拍挂市场拍地的企业,随着时间的推移,存在感将会越来越弱。各家房企,尤其是规模较大的龙头房企,近年来纷纷提升勾地能力,代表性较强的有融创中国的文旅、中国金茂的城市运营、新城控股的商业等。

一般来说,房企在勾地的时候,会要求住宅部分销售后的利润,必须覆盖持有部分的开发成本。也就是说,虽然持有型物业在后期经营上可能会有变数,但只要住宅部分顺利销售,这个项目基本上就是赚钱的。

对于持有型物业,很多人会有负面看法,认为这是低效资产,后期如果经营不善,还会变成企业沉重的包袱,甚至可能会把企业拖垮。其实这些商用产品的建造成本已经在报表中部分计入或折旧了,还有一些则抵扣了土地增值税,对企业的后期压力远没有看起来那么大。有些估值 10 亿元的写字楼,真实成本可能只有四五亿元,后期真实回报率能做到年化 8%~10%,比招拍挂的回报高多了。

看透地产股：从价值投资的根本逻辑出发

看看各城市里星罗棋布的酒店、写字楼和商场，如果持有型物业不赚钱的话，哪有那么多傻瓜整天往里投入，而且这些"傻瓜"都是身家巨富。近来随着人民币的强势升值，很多城市的商用物业已经成了外资争购的对象，与其一起竞价的，还有那些安全第一的险资。

时代不同了，如果说过往确实有的持有型物业流动性差，导致资金效率低下，影响了企业发展增速的话，在2015年ABS改为备案制后，现在的持有型物业已经与十年前大不相同。2019年ABS共计发行已经达到2.3万亿元，持有型物业有了充分的流动空间。

以中国金茂为例，凯晨世贸中心的两笔CMBS（商业房地产抵押贷款支持证券）合计规模达到了124亿元，基本相当于该物业的市场估值，2006年竣工的凯晨世贸中心总投资也不过才30亿元。2020年，中化大厦的CMBS发行规模为22亿元，期限18年，票面利率更是低到了2.65%。一些存量资产不仅得到了盘活，而且在支付了利息之后，企业还有盈余。这相当于免费使用了资金，还每年都有固定收益。

"三道红线"政策出台之后，企业的净资产规模成了关键所在。持有型物业可以增大所有者权益，还可以在后期通过公允价值的增长来不断增厚净资产，相当于提升杠杆能力。对新政策指引下的房地产市场来说，会有越来越多的企业不断增加自己的持有型物业比例。

当然，持有型物业本身还是需要良好的经营管理，这样才能保证后期有合理的回报，有了足够的回报才能实现资产证券化。总体而言，持有型物业的时代正随着"三道红线"政策的出台而全面开启,单纯的招拍挂拿地正退出舞台中心。从长期来看,住宅开发用地越来越少,房企的永续性还是要靠持有型物业来实现,这是房企未来的主要发展逻辑。

第五节 房企正全面进入巨头时代

一、"三道红线"是一场及时雨,避免了更大的内卷

过去20年时间里,房地产市场有多火爆,宏观调控就有多密集。可以说,没有大大小小的宏观调控,就没有今天的房地产。这就像在草原上,如果让羊随意繁衍,就会出现草少羊多的状况,最终只能导致草尽羊亡,必须要予以平衡。最近一次的重磅行业调控,当属2020年"三道红线"的出台。"三道红线"政策的推出节点正逢其时,可谓精准打击。

2020年上半年,由于流动性大量释放,市场上的钱又多又便宜,大量房企纷纷在全国范围内展开了抢地运动,整体溢价率连续数月超过了15%。要知道,土拍热的地方,基本都是限价最严格的区域,高昂的地价配上封顶的房价,让拿到地的房企的净利润率被严重压低,最严重的时候,很多地方新摘牌项目的净利润率普遍不超过5%,这给后期的操盘带来了严重风险隐患。即便如此,仍有不少房企继续热衷土拍,一批又一批项目的净利润率连创新低,有的甚至根本就算不出盈利来。

没钱赚为什么还要做?有些是因为城市公司项目较少,为了保证团队的建制和业务关系不受影响,不得不勉为其难。但更多的,还是与当前金融机构的融资要求有关。房地产是个高杠杆行

业，大部分企业的资产负债率都在70%~80%，没有融资就没有各家房企的今天。只有连续不断的资金保证，各家房企才能维持并进一步发展自己的业务规模。

各金融机构在发放贷款的时候，首先要求的就是企业的规模要足够大。一般来说，行业前50强房企的贷款基本是有保证的，排名靠后的房企就不一定能吃饱了。但遇到市场不景气的时候，比如2018年，基本上只有前30强的房企才有融资保证。

没有规模就没有钱，没有钱就更没有规模。很长一段时间里，各路房企必须要把规模放在第一位，于是很多项目不但利润少要做，必要的时候即便没有利润也要做。这就出现了严重的行业内卷，再加上限价政策对利润的直接压制，很多看起来销售业绩一路高歌的房企都是有苦难言，这种情况在2020年上半年已经表现得淋漓尽致。

"三道红线"针对各家房企的负债情况做出明确要求，之后又出台了针对银行贷款比例要求的"两道红线"，和针对土地出让规范的"两集中"。房企、银行和地方政府，这是供给侧的三大环节，调控形成了一个闭环，避免了体系外疏漏。相信从2021年开始，商品房市场会有一个全新的变化，各家房企的拿地能力和拿地积极性会受到双重制约，在维持企业合理利润的同时，还可以有效抑制房价的增速，这是一个各方皆大欢喜的结果。

二、以"三道红线"为标志，新的地产时代开启了

从1998年开始全面推行货币化分房和按揭贷款之后，过去

的22年，对于房企来说，大致可以分成两个时代。而这个划分时代的标准线，则是出现在2010年的土地增值税全面严格征收，那是个里程碑式的节点，改变了整个行业的作业模式，也让一批房企逆势上行，逐步占据了行业的领先位置。

在2010年之前，土地增值税虽然已经出台了十几年，但各地基本都是按照固定的比例进行征收，在那个房价与开发时间成正比的时代，这就意味着开发时间越长，房企享受到的收益就越高。以港资房企为代表的一批开发企业，全面采取囤地模式，即便项目进入了开发状态，也是全面惜售，尽量做到利润最大化。

2010年5月25日，《国家税务总局关于加强土地增值税征管工作的通知》正式颁布，整个行业的运作体系都由此发生了根本性的变化。从那之后，对房企来说，即便毛利润再高，大部分收益也都用来缴纳土地增值税了，房企囤地的实际所得，甚至弥补不了拉长开发时间所导致的资金成本上升。土地增值税控制了房企的利润，在一定程度上抑制了其推升房价的决心，对市场的规范和健康发展做出了至关重要的贡献。

从此之后，一部分反应较快的房企，全面推行高周转模式，不追求项目的高毛利率，而是把资金周转速度放在了首位，这就对那些还在坚持囤地的项目，形成了"快鱼吃慢鱼"式的打击。而很多在21世纪00年代盛极一时的房企，却因为没有及时调整，在行业内的排名迅速下滑，有些甚至已经淡出了地产开发行业，这里面港资企业尤其多。

21世纪初房企强调利润率，追求的是时间的拉长；而在21世纪10年代房企强调的是高周转，追求的是时间的缩短。缩短时间导致的利润率下降，必须要用规模来弥补，这样才能实现总体利润的最大化。整个21世纪10年代，就是各家房企不断压缩开发周期的过程。

之前，万科推行"5986"模式，即拿地后5个月开工，9个月销售，第一个月必须卖出8成，并且要有6成以上是住宅。而后来碧桂园的节点要求已经变成了"456"，即拿地后4个月就要开盘，5个月资金回正，6个月实现资金再周转，就房地产行业的开发特点来说，这基本上做到了极致。事实上，碧桂园模式已经成为过去几年大部分房企的准则，这不但导致很多固守传统的港资企业退出市场，也让各地的中小房企纷纷让出阵地，市场进入了大型上市公司绝对主导的状态。

而"三道红线"政策，从根本上控制了房企的负债，当资金受限之后，各家房企已经没有能力再保持原来的业务速度，毕竟高周转是建立在高杠杆基础上的。没有杠杆就没有规模，没有规模，超低的利润率就失去了意义。前有土地增值税，后有"三道红线"，各家房企所面临的形势越来越严峻。囤地没有前途，高周转的低利润率又随时可能带来意外风险，再结合各主要城市可供开发的土地越来越稀缺的现实，整个行业又到了该质变的时候，一个新的时代开启了。

三、 巨头时代正式到来， 集中化成为市场主流

"三道红线"政策限制住了房企的负债总额和增速，这是格局固化的重要手段，实际上也是关闭了中小房企快速逆袭的通道。像融创中国这样在短短几年内便跃升到行业前四阵营的案例，以后很难再出现了。未来的地产开发行业，整体增速将逐步

趋缓,但行业龙头的市场占有率会越来越大,白酒、家电行业里几大巨头掌控着全行业局面的现象,又将在房地产开发领域里得到再现。巨头企业的形成是有客观原因的,实际上如果"三道红线"政策不出台,巨头时代也早晚会形成,但"三道红线"政策的出台明显加快了这一进程。下面梳理一下地产巨头出现的必然性。

1. 地产巨头是资金集中化的结果

"三道红线"是一个结果,而不是一个开端。过去几年,由于房地产及相关行业对整体社会融资的占有比例太高,一度达到三成,不管是从金融风险的角度考虑,还是从各行业的均衡发展的角度考虑,都需要抑制房地产这个"灰犀牛"。而针对地产的"三道红线"和针对银行的"两道红线"政策,都让地产行业的资金供给总量越来越受限。

原本为排名前 50 强房企准备的资金,在供应下降的时候,会进一步向前 30 强集中,某些极端时候甚至可能会像前 10 强集中。很多人担心有一些中小房企目前是不受"三道红线"政策制约的,实际这些中小房企拿到贷款的难度只会越来越大,有没有"三道红线"的限制都是一样的。

2. 地产巨头是城市发展的需要

如果说过去 20 多年的时间里,房企的主要任务是帮助城市完成居住需求的满足,那么未来的房企在城市发展中的定位要改变了。限价全面贯彻,各地质素较好的地块,基本上是供不应求的。普通的招拍挂行为中,房企只是完成了一个简单的住宅开发过程，谁来做都差不多，所以净利润率越来越低也是市场发展的必然结果。

而现在的城市，随着城市核心区位的可开发用地越来越少，大量待开发土地集中在城市边缘，这些地块原有的市政基础相对薄弱，对房企的要求从满足市民需求变成了创造市民需求。未来的开发活动中，只会做住宅是远远不够的，房企需要在商业、教育、医疗、文化甚至产业上帮助城市做出全方位的贡献，才能拿到相应的住宅用地作为补偿。而这些能力都不是中小房企所具备的，只有那些规模具有绝对优势的龙头房企，才有能力帮助城市创造需求，而它们也会在这一过程中进一步扩大规模，变成真正的行业巨头。

3. 地产巨头是资源集中化的结果

现在很多房企的发展都越来越多元化，除了住宅开发外，还不断加大在"地产+"方向的投入。比较常见的有产业、商业、商务、文旅、养老、会展等业务体系，除了上述所说的要满足城市的发展需求外，这也是社会化分工进一步模糊的结果。

传统的行业分工是按照对生产资料的改变能力来划分的，主要围绕自身的生产优势来确定业务方向。而如今则是以客户为导向，围绕客户的实际需求来不断丰富业务内涵。房企已经不单单是指简单的开发概念，围绕着目标客群的实际需求，其持有和运营的各类资产将越来越多，这种资源集中化，也是促进巨头生成的内在原因。

4. 地产巨头是经营红利导致的必然结果

在囤地时代，资本雄厚是一个巨大优势，能拿到地并且能压得起，就能赚到更多利润；在高周转时代，负债能力至关重要，其实质就是用高杠杆来缓解利润率下降的压力，最终实现总收益最大化；而在"三道红线"政策全面贯彻之后，经营能力才是重中之重，而这也是头部房企的核心优势之一。

现在的顶级房企，已经全面进入了数字化时代，这不仅表现在所开发的产品上，也应用在日常的管理行为中。线上办公全面应用，数字化营销和财务管理等立体式反馈机制，已经在做出广泛贡献。优秀房企早已不是传统的粗放管理体系，而是一个真正的现代化企业。良好的硬件和制度，结合越来越多的高质素人才，巨头房企们的优势正在越来越大。

五年之后，万亿元将成为地产巨头的门槛，其内涵早已超越了住宅开发，是具有商业、商务、产业、服务、娱乐等多种业态的超级巨无霸；十年之后，这些巨头更会发挥其强大的资金能力和消费终端掌控优势，把投资领域从房地产扩展到各个行业。

未来房地产的发展之路不但不是窄路，还将向我们展现出更加广阔的空间。住，这个仅次于衣和食的大行业，一直都是真正的好赛道，对行业领导者来说，"三道红线"所开启的供给侧改革，将是他们所得到的最好的政策支持。善于拥抱变化的企业，将会笑到最后。